Kino der Ekstase

Formen der Selbstüberschreitung in den Filmen
Andrzej Żuławskis

FILM- UND MEDIENWISSENSCHAFT

Herausgegeben von Irmbert Schenk und Hans Jürgen Wulff

ISSN 1866-3397

28 *Marlies Klamt*
    Das Spiel mit den Möglichkeiten
    Variantenfilme – Zwischen Multiperspektivität und Chaostheorie
    ISBN 978-3-8382-0811-4

29 *Ralf A. Linder*
    Zwischen Propaganda und Anti-Kriegsbotschaft:
    Die Darstellung des Krieges im US-amerikanischen Spielfilm
    als Indikator gesellschaftlichen Wandels
    ISBN 978-3-8382-0750-6

30 *Jana Zündel*
    An den Drehschrauben filmischer Spannung
    Zeit und Raum bei Alfred Hitchcock.
    Verzögerungen und Deadlines, klaustrophobische und expansive Räume
    ISBN 978-3-8382-0940-1

31 *Seraina Winzeler*
    Filme zwischen Spur und Ereignis
    Erinnerung, Geschichte und ihre Sichtbarmachung im Found-Footage-Film
    ISBN 978-3-8382-0414-7

32 *Tobias Dietrich*
    Filme für den Eimer
    Das Experimentalkino von Klaus Telscher
    ISBN 978-3-8382-1094-0

33 *Silvana Mariani*
    O Canto do Mar: Die Ästhetisierung von Realität?
    Reflexionen über den Realismus bei Alberto Cavalcanti
    ISBN 978-3-8382-1100-8

34 *Marius Kuhn*
    Im weiten Feld der Zeit: Die filmischen Transformationen des Romans *Effi Briest*
    ISBN 978-3-8382-1141-1

35 *Noemi Daugaard*
    Grauenvolle Atmosphären: Tondesign und Farbgestaltung als affektive und
    subjektivierende Stilmittel in THE SILENCE OF THE LAMBS
    ISBN 978-3-8382-1190-9

36 *Selina Hangartner*
    Wild at Heart and Weird on Top: Spielformen der Ironie im Film
    ISBN 978-3-8382-1214-2

37 *Alexander Schmidt*
    Kino der Ekstase
    Formen der Selbstüberschreitung in den Filmen Andrzej Żuławskis
    ISBN 978-3-8382-0313-3

Alexander Schmidt

KINO DER EKSTASE

Formen der Selbstüberschreitung in den Filmen Andrzej Żuławskis

ibidem-Verlag
Stuttgart

Bibliografische Information der Deutschen Nationalbibliothek
Die Deutsche Nationalbibliothek verzeichnet diese Publikation in der Deutschen Nationalbibliografie; detaillierte bibliografische Daten sind im Internet über http://dnb.d-nb.de abrufbar.

Bibliographic information published by the Deutsche Nationalbibliothek
Die Deutsche Nationalbibliothek lists this publication in the Deutsche Nationalbibliografie; detailed bibliographic data are available in the Internet at http://dnb.d-nb.de.

Coverabbildung: Szene aus POSSESSION: Frankreich / BRD 1981. © Bildstörung Baiersdörfer Beneke GbR. Abdruck mit freundlicher Genehmigung.

∞

Gedruckt auf alterungsbeständigem, säurefreien Papier
Printed on acid-free paper

ISSN: 1866-3397

ISBN: 978-3-8382-0313-3

© *ibidem*-Verlag
Stuttgart 2018

Alle Rechte vorbehalten

Das Werk einschließlich aller seiner Teile ist urheberrechtlich geschützt. Jede Verwertung außerhalb der engen Grenzen des Urheberrechtsgesetzes ist ohne Zustimmung des Verlages unzulässig und strafbar. Dies gilt insbesondere für Vervielfältigungen, Übersetzungen, Mikroverfilmungen und elektronische Speicherformen sowie die Einspeicherung und Verarbeitung in elektronischen Systemen.

All rights reserved. No part of this publication may be reproduced, stored in or introduced into a retrieval system, or transmitted, in any form, or by any means (electronical, mechanical, photocopying, recording or otherwise) without the prior written permission of the publisher. Any person who does any unauthorized act in relation to this publication may be liable to criminal prosecution and civil claims for damages.

Printed in the EU

Inhalt

Vorwort 7
I. Ein verkannter Auteur 11
II. Exzess, Überschreitung und Ekstase 19
   1. Konzepte der Selbstüberschreitung 19
      a) Die Ekstase im Schamanismus 20
      b) Die *unio mystica* in der christlichen Mystik 25
      c) Das Dionysische bei Nietzsche 28
      d) Die Überschreitung bei Georges Bataille 36
   2. Formen der Selbstüberschreitung in der Filmtheorie 49
      a) Das Triebbild bei Deleuze 49
      b) Der filmische Exzess bei Kristin Thompson 57
III. Formen der Selbstüberschreitung in den Filmen Żuławskis ... 65
   1. Motive der Selbstüberschreitung in den Filmen Żuławskis ... 65
      a) Gewalt und Tod 67
      b) Sexualität und Liebe 78
      c) Begegnungen mit dem *Unbekannten* 89
      d) Schauspiel und Tanz 104
   2. Żuławskis Inszenierungsformen der Selbstüberschreitung ... 113
      a) Schauspielstil 113
      b) Kamerabewegung 121
      c) Mise-en-Scène 127
      d) Montage 134
IV. Kino der Ekstase 137
Ausblick 139
Filmografie Andrzej Żuławski 143
Weitere erwähnte Filme 145
Literaturverzeichnis 147

Vorwort

Das Buch, das Sie in Händen halten, ist auf den ersten Blick eine filmwissenschaftliche Studie, die Untersuchung und Beschreibung der filmischen Handschrift eines Regisseurs: Andrzej Żuławski. Zugleich ist es für mich, den Autor, aber auch ein zutiefst persönliches Buch. Ebenso wie ein Regisseur sich in seine Filme legt, legt sich auch ein Autor, auch ein „wissenschaftlicher", in jedes Buch, das er schreibt. Dieses ist ein Buch über Filme, ein Buch über die Ekstase, über Exzess und Überschreitung und somit ist es auch ein Buch über das Leben selbst. Die Filme von Żuławski, die Ideen von Bataille, von Nietzsche und vielen anderen Denkern, all die Themen und Motive, die in diesem Buch angerissen werden, sie bedeuten mir viel. Ich liebe sie und sie sind ein Teil von mir.

Interpretation – ich denke bei diesem Wort gerne an den Musiker, der das Stück eines Komponisten interpretiert. Wie dieser ist auch jeder Interpret eines Kunstwerks, jeder Ausdeuter und Sekundärliterat ein Stück weit Künstler, erschafft einen Blickwinkel, seinen Blickwinkel auf die Kunstwerke von anderen. Freilich: bindend ist keine Interpretation, wie könnte sie auch?

Ob der Vortrag des Liedes, der Anschlag der Tasten, das Tempo und der Rhythmus stimmen, ob sie der Komposition gerecht werden, ob gar der Darbietende etwas hörbar machen kann, das zuvor nicht gehört wurde an und in diesem Lied? Nur der Zuhörer, Zuschauer, Leser kann das entscheiden, er selbst ein weiterer Interpret, also Künstler.

Mein Buch über Żuławskis Kino der Ekstase entstand in der ursprünglichen Fassung bereits im Jahr 2010. Und eigentlich hätte es auch schon im folgenden Jahr erscheinen sollen. Prof. Kay Kirchmann hatte meine Arbeit dankenswerteweise dem *ibidem*-Verlag empfohlen und den Kontakt vermittelt. Ich musste den Text quasi nur noch passend formatieren. Bei dieser Gelegenheit, so dachte ich, würde ich den ganzen Text auch nochmal überarbeiten. Ich wollte daraus ein besseres, leidenschaftlicheres und dem Thema angemessen – wahrhaft ekstatisches Buch machen!

Allein: ich prokrastinierte. Statt die Sache gleich durchzuziehen, verschob ich die gesamte Überarbeitung, bis sie mir aus den Augen und dem Sinn geriet. Im Laufe der vergangenen sieben Jahre fiel mir die vorgenommene Aufgabe mehrmals wieder ein, vereinzelte Mailwechsel mit dem Verlag folgten, doch andere Lebensereignisse hielten mich in Beschlag. Die geplante Überarbeitung wurde in meiner Vorstellung zu einem gigantischen Augias-Stall der Worte. Eigentlich müsste ich das Buch komplett neu strukturieren, oder noch besser ganz neu ansetzen und das Buch neu schreiben. In meinem Geiste sah ich mich schon als Thomas Bernhard'schen Besessenen bis ans Ende meines Lebens an einer nie vollendeten Studie schreiben.

Bis ich irgendwann im letzten Jahr beschloss, jede Woche ein kleines bisschen zu überarbeiten. Die Struktur und auch der Inhalt sind im Wesentlichen gleich zur Ursprungsfassung geblieben, aber ich habe die Sprache etwas geglättet und hier und da manches Detail ergänzt.

Inzwischen hat Andrzej Żuławski noch einen weiteren, seinen letzten Film gemacht und ist kurz darauf gestorben. COSMOS ist ein würdiges Abschiedswerk des Meisters geworden, leichter, zärtlicher als die meisten seiner Werke, aber immer noch von jener unbändigen Energie durchflutet, die in seinen Filmen pulsiert und die conditio humana in taumelnde Bilder fasst. Auch habe ich vor Kurzem erst einen Artikel von Daniel Bird gelesen, in dem er über Żuławskis unverwirklichte Projekte schreibt. Allein die Vorstellung, Żuławski hätte einen magisch-realistischen Vietnamkriegsfilm namens TIGER mit Dolph Lundgren als schamanistische Reise inszeniert!

Vielleicht ist jeder kreative Prozess, auch das Verfassen einer Studie eine Art schamanistische Reise und der Schamane auf dieser, wird auch der Autor von manchem Helfer unterstützt. Ich danke ganz besonders Prof. Dr. Kay Kirchmann für die hilfreiche Betreuung beim Schreiben dieses Buchs und für die Vermittlung der Publikation. Des Weiteren danke ich für wertvolle Anregungen, Anmerkungen, Inspiration und sonstige Hilfe Anika Obermann, Dr. Christoph Ernst, PD Dr. Dirk Kretzschmar, Florian Plumeyer, Andreas Beilharz, Amos Borchert, Christoph Draxtra, Sano Cestnik und meinen Eltern.

Ich wünsche mir, dass die Leser dieses Buches etwas von der ekstatischen, Liebe empfinden, die ich für die Filme von Andrzej Żuławski empfinde. Wenn eines Tages, die einzige Erinnerung, die von mir bleibt in einer Fußnote zu einer Fußnote bestehen sollte, die mich als Interpreten Żuławskis anführt – das wäre nicht das Schlechteste!

Im Februar 2018

I. Ein verkannter Auteur

Es gibt wenige Regisseure mit einer eigenen, unverwechselbaren Handschrift, die von der Filmkritik – und leider auch der Filmwissenschaft – so stiefmütterlich behandelt werden wie der polnische Filmauteur Andrzej Żuławski (1940 - 2016). Gerade das Feuilleton ergeht sich bei der Bewertung von Żuławskis Filmen allzu oft in intellektuellem Naserümpfen über die angeblich maßlos übertriebene, effekthascherische und „hysterische" Inszenierungs-weise des Regisseurs. So behauptet etwa Alain Philippon in seiner polemischen Kritik zu LA FEMME PUBLIQUE (1984) in den *Cahiers du Cinéma*, Żuławski betreibe „eine Hysterisierung des Mediums, die nichts rechtfertige, außer vielleicht der Stil und das Temperament des Cineasten"[1].

Dass Zulawksi jedoch ein Auteur mit einer eindeutig wiedererkennbaren Handschrift ist, steht auch in den – allzu oft feindseligen – Rezensionen und den wenigen wissenschaftlichen Artikeln und Arbeiten zu seinem Œuvre nie zur Debatte, sondern wird in allen Texten zu seinen Filmen, ob positiv oder negativ, besonders hervorgehoben. So schreibt Michael Atkinson beispielsweise:

> Few other filmmakers have maintained, come hell or high water, as defiantly consistent a voice, and no one's cinematic voice is as divisive, as ludicrously anarchic, as viciously overwrought. Saying Zulawski is an acquired taste is handling him with tongs; a filmgoer either has the flesh-in-the-teeth lust for emotional, visual, and narrative pandemonium – the Zulawski gene, as it were – or they do not.[2]

Tatsächlich ist die stilistische Einheit und inhaltliche Verwobenheit seiner Filme, seine „Persistenz einer persönlichen Handschrift"[3] derart augenscheinlich, dass man einen Żuławskifilm wahrscheinlich sofort an der unverwechselbaren frenetischen Kameraarbeit, den ungewöhnlichen Perspektiven und dem exaltierten Schauspiel der Darsteller erkennen kann. Die Handschrift Żuławskis erschöpft sich indessen bei weitem nicht in den oberflächlich wahrnehmbaren

---

[1] ALAIN PHILIPPON: *Monsieur Plus*. In: *Cahiers du cinéma* 360. (1984). S. 107-108, S. 107.
[2] MICHAEL ATKINSON: *Blunt Force Trauma: Andrzej Zulawski*. In: Ders. (Hg.): *Exile Cinema. Filmmakers at Work beyond Hollywood*. Albany, New York 2008. S. 79-85, S. 80.
[3] FRÉDÉRIC STRAUSS: *La note bleue*. In: *Cahiers du cinéma* 445. (1991). S. 89.

stilistischen Gemeinsamkeiten seiner Filme. Obwohl Żuławski selbst behauptet, er habe versucht Filme zu machen, die sich thematisch nicht ähneln[4], räumt er dennoch ein, es gebe in seinen Filmen sicherlich „tiefgreifende Verbindungen, die den Charakterzug der Natur dessen haben, der diese Filme macht"[5]. Bei aller oberflächlichen Verschiedenheit der Filme gelte: „[L]es thèmes doivent être eternellement par en-dessous, ça doit être sans doute les mêmes puisque ce sont les miens, ce sont les thèmes qui m'obsèdent..."[6].

Bei dem Versuch, die thematische und stilistische Einheit von Żuławskis Filmen auf einen Nenner zu bringen, sprechen die meisten seiner Kritiker, wie schon eingangs zitiert, von einer Hysterie „im klinischen Sinne des Wortes"[7], die sie den Figuren der Filme, aber auch der Inszenierungsweise Żuławskis attestieren. Im Licht der positiven Neubewertung der Hysterie durch Georges Didi-Huberman hat Katrin Wlucka in ihrer Diplomarbeit *Die Signatur des Hysterischen im Filmwerk Andrzej Żuławskis* vor allem gendertheoretische Aspekte der Filme Żuławskis in durchaus produktiver Weise untersucht.

Als grundlegende Interpretationsfolie oder zentrales Moment seines Kinos greift der Begriff der Hysterie meiner Ansicht nach jedoch zu kurz. Weder der für Żuławski typische *Exzess* der filmischen Mittel, vor allem der Kamerabewegung, noch der oft religiöse Kontext bzw. rituelle Charakter der dargestellten Entäußerungen der Figuren können als genuin hysterisch betrachtet werden. Diese Aspekte bleiben in Katrin Wluckas Untersuchung zwar nicht unberücksichtigt, werden aber erst nachträglich zur Hysterie in Beziehung gesetzt[8].

Zudem erfasst der Begriff Hysterie kaum das Spektrum wiederkehrender Themen und Motive bei Żuławski, das um existenzielle Fragen nach Identität, Liebe, Sexualität, Tod und Gott kreist, Themen, die sich viel eher mit dem Phänomen der *Ekstase* verknüpfen lassen[9].

---

[4] Vgl. PASCAL BONITZER: *Entretien avec Andrzej Zulawski*. In: *Cahiers du cinéma* 326. (1981). S. 40-49, S. 41.
[5] Ebd.
[6] Ebd.
[7] PHILIPPON, S. 107.
[8] Vgl. KATRIN WLUCKA: *Die Signatur des Hysterischen im Filmwerk von Andrzej Zulawski*. Dipl. Weimar 2001, S. 30-34, 58-71.
[9] Auch der britische Filmjournalist Daniel Bird hält dem Żuławskis Filmen zugeschriebenen Begriff der Hysterie den der Ekstase als zutreffendere Beschreibung seines Stils entgegen. Vgl. DANIEL BIRD: *Between the Scenes: La femme publique*. In: Booklet zur DVD: ANDRZEJ ŻUŁAWSKI: *La femme publique*. F 1984. Mondovison 2008. S. 10-17, S. 16.

Ein umfassenderer und stärker kulturgeschichtlich orientierter Zugang zu der Żuławskis Werk inhaltlich wie formal zu Grunde liegenden Ästhetik scheint mir in dem Zusammenhang von *Exzess* und *Ekstase* gegeben zu sein. Mit einem Blick auf den *Exzess der filmischen Mittel* kommt man dem unterschwellig in Żuławskis Filmen wirkenden ästhetischen Prinzip bereits sehr nahe. Der Exzess findet bei Żuławski aber eben nicht nur in einer Verausgabung der Mittel statt, sondern auch auf der inhaltlichen Ebene: Die Figuren seiner Filme verausgaben sich in emotionalen Ausnahmezuständen. Sie rennen wie von heiliger Raserei ergriffen durch meist extrem unter- oder aufsichtige Kader, fangen plötzlich an zu tanzen oder ergehen sich in Exzessen von Gewalt und eruptiver Sexualität.

Dieser körperlich ausgelebte Exzess spiegelt sich auch in dem expressiven Schauspielstil wider, der eines der Markenzeichen Żuławskis ist[10]. Ja, das Schauspiel selbst wird in seinen Filmen immer wieder thematisiert und reflektiert als ein Ausnahmezustand, bei dem jemand „außer sich" ist, indem er – in gewisser Hinsicht zumindest – zu einer anderen Person wird.

Überhaupt sind die Bewusstseinslagen, in denen sich die Figuren in Żuławskis Filmen befinden, wohl am besten mit der räumlichen Metapher des „Außer-Sich-Seins" oder „Außer-Sich-Stehens" zu fassen. Ebendies ist auch die etymologische Bedeutung des Wortes *Ekstase*, ein Begriff der eine lange kulturelle und im Wesentlichen religiöse Tradition hat.

Er bezeichnet Zustände mystischer Verzückung und lustvoll erlebten Selbstverlusts, wie sie einerseits in der stillen Meditation und der Askese erreichbar sind, andererseits aber auch – und dies gilt vor allem für die vorchristlichen, oder allgemein „heidnischen" Religionen – in rauschhaften Festen und sexuellen Ausschweifungen. Bei allen, meist ohnehin sehr ambivalenten Bezügen zum Christentum, stehen Żuławskis Filme jener kulturellen Tradition der rauschhaften Entäußerung und des Exzesses als Quelle eines quasi-mystischen Ekstaseerlebnisses weitaus näher.

Vielleicht liegt einer der Gründe für die breite Verkennung Żuławskis in der Tatsache verborgen, dass es einen bestimmten etablierten Diskurs der ästhetischen Askese gibt, der die Vorstellungen von gutem Autorenkino prägt und dem Żuławskis Ästhetik diametral gegenübersteht. Gutes, anspruchsvolles

---

[10] Vgl. ATKINSON, S. 81.

Kino scheint für viele Kritiker und Cineasten gerade mit einer Reduktion der Darstellungsmittel verbunden zu sein, als deren Meister klassische Filmautoren wie Carl Theodor Dreyer, Robert Bresson und Yasujiro Ozu gelten, deren Gemeinsamkeiten in der ästhetischen Askese schon Paul Schrader in seiner Untersuchung des „transzendentalen Stils" im Film hervorhob[11]. Die lange, meist statische (oder sehr langsam bewegte) Einstellung, die fehlende oder extrem reduzierte Kamerabewegung und ein entdramatisiertes Schauspiel sind die Merkmale einer solchen filmästhetischen Askese[12]. Das Prinzip der Reduktion ist zwar sicherlich nicht das einzige Ideal des Autorenfilms, doch von vielen scheint es als grundsätzlich subtiler und daher hochwertiger empfunden zu werden als Formen des ästhetischen Exzesses, die eher dem Spektakel des Blockbusterfilms oder dem abfällig auf das Ausstellen von Schauwerten reduzierten Genre- und Exploitationkino zugeschrieben werden. Żuławskis Kino der rasenden Kamera, der oft schrillen und überladenen Bilder und des exaltierten Schauspiels bleibt einem großen Teil der Filmkritik möglicherweise suspekt, weil es „zu ordinär für das Arthouse-Kino, zu prätentiös für das Grindhouse-Kino" sei, wie Daniel Bird ironisch feststellt[13]. Gerade ein exzessiver Stil erscheint auch Schrader als grundsätzlich ungeeignet zur Darstellung des Transzendenten, da er profanisierend wirke[14]. Dieser Aussage steht jedoch eine religiöse Tradition des Exzesses entgegen, die Żuławski in seinen Filmen aufgreift.

Zielsetzung

Angesichts der geschilderten filmwissenschaftlichen Ausgangslage sollen in dieser Studie Żuławskis Filme auf die *implizite Poetik* hin untersucht werden, die in seiner filmischen Handschrift zum Ausdruck kommt und die im Gegen-

---

[11] Vgl. PAUL SCHRADER: *Transcendental Style in Film: Ozu, Bresson, Dreyer.* Berkeley, Los Angeles und London 1972.
[12] Mit Einschränkungen können dieser Gruppe von Filmautoren, die eine ästhetische Reduktion zum Prinzip erhoben haben, auch Andrej Tarkovsky, Šarūnas Bartas, Bruno Dumont und andere zugerechnet werden.
[13] DANIEL BIRD: *Gott in Gestalt einer verrücktgewordenen, öffentlichen Hure: Lose Fäden zu Andrzej Zulawskis POSSESSION (1981).* In: Booklet zur DVD: *POSSESSION. Ein Film von Andrzej Żuławski.* F / BRD 1981. Bildstörung 2009, S. 17.
[14] Vgl. SCHRADER, S. 159.

satz zu den Poetiken der Reduktion steht, wie sie etwa von Bresson auch explizit ausformuliert wurden. Es liegt dabei nahe, analog eines Prinzips der Reduktion für Żuławskis Filme eine implizite Poetik des Exzesses und der Ekstase zu postulieren. Nun gibt es eine ganze kulturelle Traditionslinie, die diese beiden Phänomene zu *einem* Prinzip zusammendenkt und die in Żuławskis Filmen in vielfältiger Weise aufgerufen wird. Ebenso wie das Prinzip der Reduktion von Schrader in einen religiösen Kontext gestellt wird, kann auch *die im Exzess ausgelebte Ekstase* zu ihren religionsgeschichtlichen Wurzeln zurückverfolgt werden. Im Zuge der nachträglichen Verlagerung religiöser Phänomene in den Aufgabenbereich der Kunst durch moderne Philosophen wie Friedrich Nietzsche werden Exzess und Ekstase zum ästhetischen Prinzip verschmolzen, das dieser als das sogenannte *Dionysische* bezeichnet.

Als wichtigster theoretischer Angelpunkt für diese Untersuchung bieten sich meines Erachtens allerdings die Theorien des französischen Denkers Georges Bataille an, der in seinen Schriften einen engen Zusammenhang zwischen *Exzess*, *Ekstase* und *Überschreitung* konstatiert. Diese Begriffe erscheinen aus Batailles Perspektive wie drei Aspekte einer einzigen komplexen Idee, die ich im Folgenden mit dem Begriff *Selbstüberschreitung* bezeichne. Dieser Begriff umfasst meiner Definition nach sowohl eine Form des Überflusses (Exzess), eine subjektive Erfahrung der Selbstentgrenzung (Ekstase) als auch eine Tabuüberschreitung (Transgression) und lehnt sich im Wesentlichen an die später noch skizzierten Theorien Batailles an.

Meine Hypothese für die vorliegende Untersuchung lautet also, dass diese sowohl abstrakte als auch gestalterische Idee der unterschwellig in Żuławskis Filmen wirkende gemeinsame Nenner ist und sein Kino demnach einer allumfassenden *Ästhetik der Selbstüberschreitung* folgt, die wiederum eine *Poetik des Exzesses* impliziert. Über das zentrale Ziel hinaus, Żuławskis filmische Handschrift in ihrem kulturellen Kontext darzustellen, soll diese Arbeit auch einen Beitrag dazu leisten, eine breitere Perspektive auf andere Filmemacher zu ermöglichen, deren Werke in ähnlicher Weise einem ästhetischen Prinzip des Exzesses folgen. Auf mögliche Vergleiche der Handschrift Żuławskis zu anderen Filmautoren komme ich zum Schluss dieser Studie noch zu sprechen.

Vorgehensweise

Das erste Hauptkapitel meiner Studie ist der Theorie gewidmet. Es befasst sich zunächst mit Konzeptionen der Selbstüberschreitung in Religion und Philosophie, wobei ich nach einem kurzen Blick auf die Bedeutung der Ekstase in der Religion mich jenen Theorien zuwende, die sich auf Phänomene der Selbstüberschreitung im Bereich der Ästhetik beziehen.
Nietzsches Konzept des Dionysischen bildet dabei den Ausgangspunkt des modernen Diskurses zu Exzess und Ekstase in der Kunst. Besonderes Gewicht lege ich auf einen Abriss der Gedankenwelt Georges Batailles, dessen Themen und Konzepte eine besonders hohe Ähnlichkeit zu Zulawskis filmischem Universum aufweisen[15].
In einem weiteren Schritt ziehe ich filmtheoretische Ansätze heran, in denen es um filmische Phänomene geht, die der Selbstüberschreitung vergleichbar sind oder ihr entsprechen. Dabei soll zunächst auf die komplexe Filmtheorie von Gilles Deleuze (*Kino 1&2*) eingegangen werden, nicht zuletzt aufgrund der darin angedachten Parallelisierung von Film und Bewusstseinsphänomenen. Innerhalb von Deleuze' Bildtypologie des Films steht vor allem das *Triebbild* im Zusammenhang mit Formen des Bewusstseinsverfalls und der Auflösung des Subjekts.
Von einer gänzlich anderen filmtheoretischen Warte aus, nämlich der des Neoformalismus, hat Kristin Thompson in ihrem Text *The Concept of Cinematic Excess* das filmische Phänomen des materiellen Überflusses beschrieben, der durch bestimmte ästhetische Verfahren in den Vordergrund gerückt werden

---

[15] Zwar streitet Żuławski in einem Interview ausdrücklich ab, von Bataille beeinflusst zu sein, räumt jedoch in Bezug auf mögliche Ähnlichkeiten ein: „I think there's a pond, and from different sides we've put our noses into it" (STEPHEN THROWER UND DANIEL BIRD: *Cinema Superactivity. Andrzej Żuławski interviewed by Stephen Thrower & Daniel Bird*. In: STEPHEN THROWER: *Eyeball Compendium. Writings on sex and horror in the cinema from the pages of Eyeball Magazine, 1989-2003*. Godalming, Surrey. S. 61-71, S. 69). In dieser Arbeit geht es jedoch ohnehin nicht um die Frage einer Beeinflussung oder gar die hoch problematische Rekonstruktion einer wie auch immer gearteten Autorintention, sondern um eine werkorientierte Analyse von Motiven und ästhetischen Verfahren, die in einem gemeinsamen kulturgeschichtlichen Kontext stehen. Die dabei applizierten Theorien des Exzesses und der Ekstase können ganz allgemein als Grundlage der Beschreibung kultureller und (film-) ästhetischer Phänomene dienen und sind daher gänzlich unabhängig von absichtsvollen Bezugnahmen.

kann. Trotz der unterschiedlichen Ausgangspunkte scheinen mir beide filmtheoretischen Ansätze geeignet, fruchtbare Verbindungslinien zwischen den eher abstrakten philosophischen Konzeptionen der Selbstüberschreitung und den bei Żuławski vorkommenden, filmspezifischen Phänomenen zu ziehen.

Es ist nicht meine Absicht, vollständige Analysen zu Einzelfilmen des Regisseurs zu liefern, da es in dieser Arbeit gerade darum gehen soll, die ästhetischen Verbindungslinien *zwischen* den Filmen Żuławskis darzustellen. Daher untersuche ich in einem ersten Analyseschritt einige der ständig wiederkehrenden Motive der Selbstüberschreitung und setze diese zu den erwähnten Theorien in Verbindung. Im zweiten Teil meiner Analyse widme ich mich dann den inszenatorischen bzw. filmsprachlichen Aspekten der Selbstüberschreitung. Abschließend soll eine korrelative ästhetische Einheit der formalen Strategien der Filme mit der die Motive prägenden Idee der Selbstüberschreitung nachgewiesen und damit eine zusammenfassende Beschreibung der Gesamtästhetik Żuławskis gegeben werden.

Im Rahmen dieser Studie kann jedoch nicht gleichermaßen auf alle fünfzehn Filme Żuławskis eingegangen werden. Ich werde mich daher vornehmlich auf Beispiele aus den folgenden sechs Spielfilmen beziehen: DIABEL (Polen 1972, dt.: DER TEUFEL), NA SREBRNYM GLOBIE (Polen 1977/1987, dt.: DER SILBERNE PLANET), POSSESSION (Frankreich / Westdeutschland 1981, dt.: OT), LA FEMME PUBLIQUE (Frankreich 1984, dt.: DIE ÖFFENTLICHE FRAU), MES NUITS SONT PLUS BELLES QUE VOS JOURS (Frankreich 1989, dt.: MEINE NÄCHTE SIND SCHÖNER ALS DEINE TAGE)[16] und SZAMANKA (Polen / Frankreich / Schweiz 1995, dt.: DIE SCHAMANIN).

---

[16] Im Folgenden abgekürzt als MES NUITS.

II. Exzess, Überschreitung und Ekstase

1. Konzepte der Selbstüberschreitung

Zustände der Selbstüberschreitung sind vermutlich schon den Menschen der Urzeit bekannt gewesen. In den Ur-Religionen aller Kulturkreise spielte die heilige Trance bzw. Ekstase, eine zentrale Rolle, da in ihr die Möglichkeit der Kommunikation mit den jenseitigen Welten der Geister und der Götter gesehen wurde. Auch wenn es in dieser Arbeit vornehmlich um die (film)ästhetische Darstellung der Ekstase geht, ist es unumgänglich, einen Blick auf die kulturellen Wurzeln der Ekstase in der Religion zu werfen, zumal in nahezu jedem Film Żuławskis religiöse Motive und Themen eine Rolle spielen. Dabei führen die Filme – bei einem polnischen Filmemacher nicht verwunderlich – eine höchst ambivalente und oft bewusst blasphemische Auseinandersetzung mit dem katholischen Christentum[17].

In einigen von Żuławskis Filmen finden sich jedoch auch Bezugnahmen auf wesentlich ältere, archaische Formen der Spiritualität, so in der fiktiven Religion der ersten Mondbewohner in NA SREBRNYM GLOBIE und vor allem in SZAMANKA. Żuławski rekurriert in beiden Fällen auf die Ikonographie und Vorstellungswelt des Schamanismus. Dieser trägt wesentliche Züge einer archaischen Ur-Religion, und ist möglicherweise sogar die Religion, in der der Ekstase die größte Bedeutung im religiösen Leben beigemessen wird.

Zunächst werde ich die religiösen Vorstellungen der Ekstase im Schamanismus und der christlichen Frauenmystik beleuchten, die beide von Żuławski als kulturelle Folien der Selbstüberschreitung zitiert werden. Daran anschließend betrachte ich philosophische Konzepte der Selbstüberschreitung bei Nietzsche und Bataille, die die transzendentale Erfahrung der Ekstase aus dem religiösen Rahmen in einen primär ästhetischen übertragen.

---

[17] In einem Interview spricht Żuławski über den Einfluss der Kirche, die ein erneutes Verbot von DIABEL in Polen erwirkte, nachdem der von der kommunistischen Filmaufsichtsbehörde sofort ins Archiv verbannte Film im Zuge der Wende endlich in die Kinos gekommen war: „The most important factor in Polish politics at that time was the Church, and my films are not for church-goers! They said ‚This is absolutely blasphemous, it's anti-Catholic' – which in fact it is, I am not a Catholic – and ‚Oh no, please stop it!' So they stopped it again!" THROWER / BIRD: *Cinema Superactivity*, S. 68.

a) Die Ekstase im Schamanismus

Je nach der zu Grunde gelegten Definition kommen die Wissenschaftler, die den Schamanismus untersucht haben, – vornehmlich Ethnologen und Religionswissenschaftler – zu unterschiedlichen Aussagen über Ursprung, Alter, Verbreitung und selbst das Wesen des Schamanismus[18]. Der breitesten Definition nach ist der Schamanismus nahezu weltweit verbreitet und unmittelbar aus der steinzeitlichen Ur-Religion hervorgegangen. Im engeren Sinne bezeichnet er dagegen eine wesentlich jüngere religiöse Praxis der Völker des nord- und zentralasiatischen Raums. Die Bezeichnung Schamane leitet sich von dem tungusischen Wort *šaman* ab, dessen Bedeutung umstritten ist[19]. Eine weltweite Verbreitung postuliert auch der Religionswissenschaftler Mircea Eliade, grenzt jedoch den Begriff des Schamanen gegenüber einer Gleichsetzung mit allen Medizinmännern, Priestern und Zauberern in den Naturreligionen ab[20]. Mircea Eliade geht vom sibirisch-nordasiatischen „Schamanismus *stricto sensu*" aus, macht aber in anderen Teilen der Welt wie Nord- und Südamerika, Indonesien und Ozeanien „[d]as Vorkommen eines schamanischen Komplexes" aus, der jedoch nicht notwendigerweise das Zentrum des jeweiligen religiösen Lebens eines Volks bilden muss, wie dies für den klassischen Schamanismus der Fall ist[21]:

> In diesem ganzen riesigen Bereich Zentral- und Nordasiens hat das magisch-religiöse Leben seinen Mittelpunkt im Schamanen. Das heißt natürlich nicht, daß einzig und allein er das Sakrale handhabt [...]. Nichtsdestoweniger bleibt der Schamane, und nur er, der große Meister der Ekstase. Eine allererste Definition dieses komplexen Phänomens, wäre: Schamanismus = *Technik der Ekstase.*[22]

Tatsächlich besteht in der Forschung Einigkeit darüber, dass die rituelle Ekstase als hervorstechendstes Merkmal des Schamanen anzusehen ist und als

---

[18] Vgl. ALFRED STOLZ: *Schamanen. Ekstase und Jenseitssymbolik.* Köln 1988, S. 12-17.
[19] Vgl. STOLZ, S. 12.
[20] Vgl. MIRCEA ELIADE: *Schamanismus und archaische Ekstasetechnik.* Zürich, Stuttgart 1954, S. 13.
[21] Ebd., S. 14.
[22] Ebd.

Kriterium zur Abgrenzung von anderen Personen des religiösen Lebens archaischer Religionen dienen kann[23]. Während die Ekstase also in fast allen Religionen anzutreffen ist, hatte sie im Schamanismus eine fundamentale Bedeutung, da sie es dem Schamanen ermöglichte, zwischen diesseitiger und jenseitiger Welt zu vermitteln:

> Im ekstatischen Zustand verließ nach Auffassung des Schamanen seine Seele den Körper und begab sich in andere kosmische Sphären, den Himmel oder die Unterwelt. Es konnte jedoch auch vorkommen, daß Geister in den Schamanen eintraten oder er lediglich mit den herbeigerufenen jenseitigen Wesen kommunizierte, um gewisse Informationen zu erhalten.[24]

Der Schamanismus kann also mit Eliade als eine „archaische Ekstasetechnik" aufgefasst werden[25], die der Kommunikation eines Stammes mit den jenseitigen Mächten diente. Die Ekstase kam in der schamanistischen Vorstellung einer Seelenreise gleich, bei der sich die Seele vom Körper des Schamanen löste und in die Welt der Götter, Geister und Dämonen eintrat, in der auch die Seelen der Ahnen wohnten. Nur die Seele eines Schamanen besaß jedoch die Fähigkeit aus dem Jenseits zurückzukehren[26]. Innerhalb der übernatürlichen Wesen, mit denen ein Schamane in Kontakt stand, waren für ihn seine Hilfsgeister von besonderer Wichtigkeit.

> Man stellte sie sich meist in Tiergestalt vor, oft aber auch als phantastische Wesen. Ohne dieses Gefolge wäre es dem Seelenreisenden unmöglich gewesen, die ihm gestellten Aufgaben zu bewältigen.[27]

Tiere und Mischwesen aus Mensch und Tier waren im schamanistischen Glauben also die Mittler zwischen den höheren bzw. gefährlicheren Mächten des Jenseits und den Menschen. Auch nahmen die Schamanen oft selbst tierische oder tierähnliche Gestalt an, indem sie in ihren aufwendigen Kostümen Fell, Federn oder Knochen von Tieren einarbeiteten oder durch Ersatzmaterialien simulierten und sich so teilweise als Tiere verkleideten[28]. Das bloße Anlegen

---

[23] Vgl. STOLZ, S. 18-20.
[24] Ebd., S. 18.
[25] ELIADE, S. 9.
[26] Vgl. STOLZ, S. 20.
[27] Ebd., S. 21f.
[28] Vgl. ebd., S. 82-92.

dieser Schamanentracht bedeutete eine Überschreitung des profanen Raums zum Heiligen und ging der Trance unmittelbar voraus[29]. In Séancen entsandte der Schamane sein *alter ego* in Tiergestalt in die Unterwelt, um bei einer Heilung Ahnengeister um Rat zu fragen[30]. Interessanterweise unterhielten viele der Schamanen sogar sexuelle Beziehungen zu Geistern, während sie sich ganz von irdischen Partnern zurückzogen[31].

Einige Schamanen praktizierten auch Transvestitismus und Transsexualität und führten gleichgeschlechtliche Beziehungen; diese galten als besonders mächtig und gefährlich[32]. Das kann möglicherweise darauf zurückgeführt werden, dass die Macht des Schamanen sich aus der Überschreitung und Verkehrung des Profanen herleitete und die Transsexualität als eine besonders tiefgreifende Überschreitung begriffen wurde. Diese Annahme stützt sich auf die These, dass in der Sakraltracht des Schamanen eine Überschreitung der profanen Welt hin zur Sphäre des Transzendenten zum Ausdruck gebracht wurde:

> Von der herkömmlichen Kleidung sich abhebend, symbolisierte sie in vielen Fällen ein Tier (Vogel, Ren, Bär), enthielt Bestandteile weiblicher Garderobe oder entsprach insgesamt einem Frauenkostüm: Nicht-Alltägliches ersetzte Alltägliches, Tierisches Menschliches, Weibliches Männliches.[33]

Sowohl der sexuelle Verkehr mit übernatürlichen tierähnlichen Wesen, als auch die Verkehrung der Geschlechterrollen stellten in den schamanistischen Gesellschaften Formen der Überschreitung sozialer Normen dar, die für die „Inszenierung des Schamanen als eines Grenzgängers" konstitutiv waren[34]. Diese beiden Motive sexueller Überschreitung finden sich in Żuławskis Filmen wieder, wie ich an späterer Stelle noch erläutern werde.

Um überhaupt Schamane werden zu können, bedurfte es nicht nur einer Berufung durch Geister und einer Ausbildung durch ältere Schamanen. Wesentliche Bedeutung kam darüber hinaus der Initiation zu, einem individuellen ekstatischen Erlebnis des Übertritts vom Dasein als Mensch des Alltags zum Dasein des Schamanen. Wie viele Übergangsriten ging sie meist mit Leiden und

---

[29] Vgl. ELIADE, S. 149.
[30] Vgl. STOLZ, S. 64.
[31] Vgl. ebd., S. 39.
[32] Vgl. ebd., S. 75.
[33] Ebd., S. 82.
[34] Ebd.

Krankheit einher[35]. Damit verknüpfte sich die Vorstellung, dass der Mensch zuerst sterben und dann neu geboren werden musste, um zum Schamanen zu werden. Trotz der unterschiedlichen Glaubenswelten der schamanistischen Völker folgen die Berichte der Ekstase einem relativ einheitlichen Muster:

> Die Seele des Initianden reiste ins Jenseits, wurde dort getötet, zerstückelt, oft von Geistern verzehrt, neu zusammengesetzt, wiederbelebt, von Göttern und Geistern belehrt und kehrte schließlich mit der Befähigung zurück, als Schamane zu wirken.[36]

Die Zerstückelung spielte dabei eine besondere Rolle und wurde in besonders detaillierter und grausiger Weise erlebt[37]. Die Erfahrung der Zerlegung des eigenen Körpers war von zentraler Bedeutung für die Selbstüberschreitung des angehenden Schamanen. Bei einigen Völkern kam die Vorstellung hinzu, der Körper des Initianden würde von seinen eigenen Ahnen oder von Dämonen zerrissen und verzehrt[38]. Durch die rituelle Wiedergeburt wurde der Initiand dann schließlich zum Schamanen und erlangte somit die Fähigkeit zur Vermittlung zwischen den Welten des Diesseits und des Jenseits.

Die Kommunikation mit der jenseitigen Welt, beispielsweise zum Zweck einer Krankenheilung oder der Weissagung, erfolgte in Séancen, bei denen sich der Schamane in der Gemeinschaft des Stammes in eine Trance steigerte, die sich zum Teil auch auf die Anwesenden übertrug[39]. Der Schamane rief seine Hilfsgeister mit einer Trommel herbei, entsandte sein *alter ego* in die Unterwelt und beschrieb diese für die Anwesenden unsichtbaren Vorgänge singend, wobei er sich immer mehr in Ekstase steigerte und die Bewegungen und Stimmen der Geister imitierte[40]. Auch den Exorzismus von Krankheitsdämonen in einer weiteren Stufe der Séance stellte der Schamane theatralisch „durch wilden Tanz und erklärende Wortfetzen" dar[41]. Eine Séance hatte also stark performativen

---

[35] Vgl. ELIADE, S. 43; STOLZ, S. 47.
[36] Ebd.
[37] Vgl. ebd., S. 50.
[38] Vgl. ebd., S. 49.
[39] Vgl. ebd., S. 61f.
[40] Vgl. ebd., S. 62-64.
[41] Ebd., S. 66.

Charakter. Der Schamane wurde in der Trance zum Sänger und Schauspieler[42]. Indem er zugleich in Form seines *alter ego* in der jenseitigen Welt weilte und doch im Diesseits anwesend war und indem er durch seinen Mund die Geister und Götter sprechen ließ, überschritt der Schamane sich selbst und wurde in der Ekstase zum Kommunikationskanal zwischen der profanen und der heiligen Welt.

---

[42] Żuławski selbst hebt den ursprünglich religiösen Charakter des Schauspiels hervor und behauptet: „The first actor is the shaman acting in front of the flock." THROWER / BIRD: *Cinema Superactivity*, S. 66.

b) Die *unio mystica* in der christlichen Mystik

Während die Ekstase im Schamanismus den zentralen Kommunikationskanal zwischen der profanen Welt und dem Jenseits der Geister, Götter und Dämonen darstellt, kommt ihr im religiösen Alltag des Christentums eine marginalere Rolle zu. Zustände der ekstatischen Verzückung und Entrückung sind im Christentum zwar nicht Teil der regulären Religionspraxis, sie waren jedoch Teil der von einigen Mönchen und Nonnen praktizierten Mystik, die im Mittelalter ihre Blütezeit erlebte.

Im Mittelpunkt der christlichen Mystik steht die Erfahrung der Einheit mit Gott, die sogenannte *unio mystica*. Diese „erfahrungsmäßige existentielle Weise der Gotteserkenntnis" steht der im Wesentlichen vom Verstand geleiteten theologischen Spekulation gegenüber und „hat einen grenzüberschreitenden Charakter", wie Marzena Gorecka betont[43].

In ihrer Vielzahl an Strömungen und Exponenten ist die christliche Mystik dennoch geeint in dem Streben nach einer unmittelbaren Erfahrung Gottes ohne vermittelnde Instanzen wie die institutionelle Kirche oder das Dogma. An deren Stelle tritt ein persönliches Erlebnis der Durchstoßung der Grenze zwischen Immanenz und Transzendenz:

> Im Akt der *unio mystica*, dem Kulminationspunkt allen mystischen Handelns [...] wird die Zweiheit vom Erkennbaren und Erkanntem, vom mystischen Subjekt und göttlichen Objekt überschritten, und somit alle normativen [...] Unterschiede aufgehoben. In jenem Augenblick, in dem das mystische Subjekt mit dem göttlichen Gegenüber eine substantielle stringente Einheit eingeht und ins göttliche Leben selbst einbezogen wird, eröffnen sich ihm uneingeschränkte Erfahrungs-möglichkeiten und Daseinsdimensionen.[44]

---

[43] MARZENA GORECKA: *Mystik als grenzüberschreitendes Phänomen – exemplarisch dargestellt an der Deutschen Mystik des Mittelalters*. In: ULRICH KNEFELKAMP und KRISTIAN BOSSELMANN-CYRAN (Hg.): *Grenze und Grenzüberschreitung im Mittelalter*. Berlin 2007, S. 428.
[44] Ebd., S. 428.

Die Wege, die zur *unio mystica* führen, sind vielfältig[45]; mit Blick auf Żuławskis Filme greife ich aus den diversen Strömungen christlicher Mystik die sogenannte Frauenmystik heraus, in der eine stark sexuell konnotierte Vereinigung mit Christus im Mittelpunkt steht[46]. In der mittelalterlichen Frauenmystik, die im 12. und 13. Jahrhundert ihre Blüte hatte, wurde das alttestamentarische *Hohelied der Liebe* unter dem Einfluss von Bernhard von Clairvaux zum assoziativen Ausgangspunkt der *Brautmystik* und ihrer erotisch-mystischen Vereinigungsphantasien[47]. Die Braut Salomos im *Hohelied* wurde dabei sowohl mit Maria, der Braut und Mutter Gottes, gleichgesetzt als auch mit der individuellen Einzelseele, die sich Gott bzw. Christus in der *unio mystica* vermählen sollte[48].
Diese Interpretation ermöglichte es vor allem den Nonnen, sich mit der empfangenden Mutter Gottes und der Braut Gottes zu identifizieren. Bei der Beschreibung der „Paradoxie der mystischen Liebesekstase" greifen Mystikerinnen wie beispielsweise Mechthild von Magdeburg in *Das fließende Licht der Gottheit* auf erotische Metaphern und bewusst widersprüchliche Formulierungen zurück[49]. Der eigentlichen Vereinigung mit Gott gingen ihrer Beschreibung nach dabei ein Dialog und ein Tanz mit dem göttlichen Partner voraus, der zugleich den Aufstieg der Seele zu Gott symbolisierte und gewissermaßen das Vorspiel zur Ekstase der *unio mystica* war, „die im Minnebett in den verborgenen Kammern der unsichtbaren Gottheit stattfindet"[50].
Trotz der hochgradig sexuellen Metaphern beschränkte sich die klassische Frauenmystik im Wesentlichen auf eine meditative Schau, also eine rein innerliche Erfahrung der Liebesvereinigung. Körperliche Enthaltsamkeit und ein asketisches Leben wurden geradezu als Voraussetzung für die Gnade einer rein

---

[45] Für eine ausführliche Beschreibung der verschiedenen Strömungen christlich-mittelalterlicher Mystik siehe Otto Langer: *Christliche Mystik im Mittelalter. Mystik und Rationalisierung- Stationen eines Konflikts.* Darmstadt 2004.
[46] Ulrike Stölting unterscheidet eine eher theoretisch-spekulative Strömung der christlichen Mystik und eine mehr intersubjektiv-dialogische, wobei bezeichnenderweise erstere stärker von männlichen Mystikern wie z.B. Meister Eckhart vertreten wird, letztere eher von Mystikerinnen. Vgl. Ulrike Stölting: *Christliche Frauenmystik im Mittelalter. Historisch-theologische Analyse.* Mainz 2005, S. 18-20.
[47] Vgl. ebd., S. 30, 38-41.
[48] Vgl. Gorecka, S. 430f.
[49] Ebd., S. 432.
[50] Ebd., S. 434.

geistigen visionären Ekstase betrachtet[51]. Andererseits ging die mystische Minne schon bei Mechthild von Magdeburg auch mit psychosomatischen Erscheinungen einher, die in späteren Texten der Nonnenmystik aus dem 14. und 15. Jahrhundert noch stärker in den Mittelpunkt rückten und die vor allem mit der Marienverehrung und der Schwangerschaft mit Gott verknüpft waren[52]. Die gebärende Maria selbst wurde nun zum Urbild der ekstatischen Mystikerin und die Nonnen versetzten sich in der Meditation derart in Marias Rolle, dass sie durch Autosuggestion selbst Körperempfindungen und sogar physische Anzeichen der Schwangerschaft erfuhren[53].

Żuławski greift Motive der Frauenmystik vor allem in POSSESSION auf, aber auch in NA SREBRNYM GLOBIE und SZAMANKA gibt es Spuren christlicher Mystik und in nahezu allen Filmen Żuławskis wird mit christlicher Ikonographie gespielt.

---

[51] So schilt Mechthild von Magdeburg etwa die Unkeuschheit des Klerus, der sich dadurch der alleinigen Liebe Gottes entziehe. Vgl. STÖLTING, S. 171, 173.
[52] Vgl. ebd., S. 171f.
[53] Vgl. GORECKA, S. 435-437.

c) Das Dionysische bei Nietzsche

In der neuzeitlichen Philosophie spielten Erfahrungen der Selbst-überschreitung lange Zeit, wenn überhaupt, eine untergeordnete Rolle. Wenn mystische Erfahrungen von Philosophen thematisiert wurden, knüpften diese dabei meist ganz an den christlichen Diskurs der mittelalterlichen Mystik mit ihrer asketischen Innerlichkeit an.

Erst Friedrich Nietzsche sollte 1872 in seiner ersten Publikation *Die Geburt der Tragödie aus dem Geiste der Musik* die ekstatische Erfahrung im körperlichen Exzess beschreiben, wie sie auch im archaischen Schamanismus und den vorchristlichen Mysterienreligionen wesentlich war. Einer der Hauptgründe für die akademische Empörung, die Nietzsches Buch nach dem Erscheinen hervorrief, war sicherlich, dass Nietzsche den orgiastischen Rausch ausgerechnet in derjenigen Kultur ausmachte und ihn sogar als ihren genuinen Ausdruck betrachtete, die für seine Zeitgenossen den Inbegriff von Würde und maßvoller Zurückhaltung darstellte: im antiken Griechenland[54]. Nietzsche schrieb gerade dem Rausch bzw. der Ekstase die Rolle der Mutterschaft an jener Kunstform zu, die nach dem klassischen Bild des Griechentums als Gipfel ihrer kulturellen Verfeinerung galt, der attischen Tragödie.

Die Geburt der Tragödie ist ein komplexes, sowohl philologisches als auch philosophisches und kulturkritisches Werk und enthält für Thomas Jovanovski bereits die wesentlichen Grundzüge von Nietzsches späterer Philosophie in embryonischer Form[55]. Obwohl darin also die Betrachtung von Kunst, wie auch in den späteren Werken Nietzsches, immer in einem breiteren philosophischen Kontext geschieht, handelt es sich bei diesem Buch jedoch in erster Linie um eine Kunsttheorie, eine ästhetische Programmatik. Nietzsche beginnt seine

---

[54] Allerdings zeigen sich seine eigenen Vorurteile in der Abwertung vergleichbarer Orgienrituale in anderen antiken Kulturen, die ihm als „[j]ener scheussliche Hexentrank aus Wollust und Grausamkeit" erscheinen. FRIEDRICH NIETZSCHE: *Die Geburt der Tragödie. Oder: Griechenthum und Pessimismus.* In: DERS.: Werke III,1. Hg. von Colli, Giorgo und Mazzino Montinari. Berlin und New York 1972, S. 29.

[55] Vgl. THOMAS JOVANOVSKI: *Aesthetic Transformations. Taking Nietzsche at His Word.* New York 2008, S. xli. Ich spare hier sowohl Nietzsches Analyse des Verfalls der Tragödie in der Korrumpierung durch „sokratische" Ideale als auch seine an Wagner geknüpfte Hoffnung auf eine Wiederkehr des Dionysischen in der Kunst aus, da diese Aspekte für die vorliegende Arbeit nicht relevant sind.

Frühschrift mit dem Einführen des später fest in den Kunstdiskurs eingegangenen Begriffspaars vom *Apollinischen* und *Dionysischen*, den zwei Kunsttrieben, welche nach seiner Vorstellung „bei fortwährendem Kampfe und nur periodisch eintretender Versöhnung" die gesamte Entwicklung der Kunst bestimmen[56].

Diesen von den beiden Kunstgöttern der Griechen abgeleiteten Begriffen ordnet Nietzsche zunächst gänzlich voneinander getrennte Bereiche der Kunst zu. Apollo, dem Gott des schönen Scheins, entsprächen die Welt des *Traums*, die bildnerischen Kräfte des Menschen und der ganze Bereich der *bildenden Kunst*.

Zum Wesen des Apollinischen gehöre dabei auch „jene maassvolle Begrenzung, jene Freiheit von den wilderen Regungen, jene weisheitsvolle Ruhe des Bildnergottes"[57]. In Bezugnahme auf Schopenhauers Philosophie macht nun Nietzsche auch das *principium individuationis*, den Schein, ein von der Welt abgetrenntes Wesen zu sein, als wesentlich apollinisch aus[58].

Dem gegenüber stellt das Dionysische die Sphäre des *Rausches* dar, und ihr entspricht die *Musik* als ein reines Werden, eine unablässige, ungegenständliche Bewegung. Vor allem aber zerreißt in der dionysischen Kunst der Schleier des Scheins und die Illusion einer abgetrennten Individualität verflüchtigt sich, was den Menschen zunächst in ein unermessliches Grausen versetzt.

Dem Mythos nach verkündet der Waldgott Silen, Begleiter des Dionysus, die Weisheit, es sei das Beste für den Menschen nie geboren zu sein, das Zweitbeste aber früh zu sterben[59]. In der dionysischen Musik offenbart sich also zunächst das Vergängliche und Chaotische des Daseins, der „horror of existence", den Philip J. Kain sogar als Ausgangspunkt von Nietzsches gesamter Philosophie betrachtet[60].

> Wenn wir zu diesem Grausen die wonnevolle Verzückung hinzunehmen, die bei demselben Zerbrechen des principii individuationis aus dem innersten Grunde des Menschen emporsteigt, so thun wir einen Blick in das Wesen des

---

[56] NIETZSCHE, S. 21.
[57] Ebd., S. 24.
[58] Vgl. ebd.
[59] Vgl. ebd., S. 31
[60] Vgl. PHILIP J. KAIN: *Nietzsche and the Horror of Existence*. Lanham 2009, S. 1-2.

Dionysischen, das uns am nächsten noch durch die Analogie des *Rausches* gebracht wird.[61]

Diese „dionysischen Regungen, in deren Steigerung das Subjective zu völliger Selbstvergessenheit hinschwindet", erwachen nach Nietzsche einerseits im Zustand der Trunkenheit, andererseits „bei dem gewaltigen, die ganze Natur lustvoll durchdringenden Nahen des Frühlings", also in der sexuellen Erregung[62]. Nietzsche spricht dieser dionysischen Selbstüberschreitung, dem rauschhaften Erlebnis einer Einheit des Individuums mit der ganzen Welt, geradezu utopische Qualitäten zu:

> Unter dem Zauber des Dionysischen schließt sich nicht nur der Bund zwischen Mensch und Mensch wieder zusammen: auch die entfremdete, feindliche oder unterjochte Natur feiert wieder ihr Versöhnungsfest mit ihrem verlorenen Sohne, dem Menschen. [...] Jetzt ist der Sclave freier Mann, jetzt zerbrechen alle die starren, feindseligen Abgrenzungen, die Noth, Willkür oder „freche Mode" zwischen den Menschen festgesetzt haben. Jetzt, bei dem Evangelium der Weltenharmonie, fühlt sich Jeder mit seinem Nächsten nicht nur vereinigt, versöhnt, verschmolzen, sondern eins, als ob der Schleier der Maja zerrissen wäre und nur noch in Fetzen vor dem geheimnisvollen Ur-Einen herumflattere. Singend und tanzend äussert sich der Mensch als Mitglied einer höheren Gemeinsamkeit: er hat das Gehen und das Sprechen verlernt und ist auf dem Wege, tanzend in die Lüfte emporzufliegen.[63]

Schon aus der enthusiastisch überhöhten Sprache von Nietzsches Beschreibung des dionysischen Rauschs lässt sich seine eindeutige Präferenz für das Prinzip des Dionysischen herauslesen. In der dionysischen Kunst offenbart sich für Nietzsche das von ihm nicht näher definierte *Ur-Eine*. Auch wenn Nietzsche in seiner späteren Philosophie bemüht ist, sich aller metaphysischen Restbestände zu entledigen[64], bleibt ihm die Vorstellung einer erfahrbaren Ein-

---

[61] NIETZSCHE, S. 24.
[62] Ebd., S. 25.
[63] Ebd., S. 25-26. „Maja" bezeichnet im Buddhismus den Schleier der Illusion, die die sinnlich erfassbare Welt darstellt. Nietzsche übernimmt das Wort hier aus Schopenhauers Philosophie.
[64] Nietzsche weist selbst im dem Buch vorangestellten Versuch einer Selbstkritik von 1886 auf diesen Wandel in seinem Denken hin. Vgl. ebd., S. 16.

heit allen Seins erhalten, die sich ihm später im Gedanken der ewigen Wiederkehr offenbart[65]. Jovanovski bezeichnet Nietzsches ausgereifte Weltanschauung daher recht treffend als „aesthetic materialism"[66]. In der *Geburt der Tragödie* steht jedoch vor allem die Manifestation des Dionysischen in der Kunst im Mittelpunkt von Nietzsches Interesse. Damit ist er nach und neben Schopenhauer einer der ersten abendländischen Denker, die das Phänomen der Ekstase bzw. der mystischen Erfahrung gedanklich säkularisieren, indem sie es nun nicht mehr im Kontext der Religion, sondern dem der Kunst behandeln.

Für Nietzsche liegt, trotz seiner eindeutigen Bevorzugung des Dionysischen vor dem Apollinischen, die höchste Form der Kunst gerade in der Vereinigung der beiden gegensätzlichen Kunsttriebe, die er in der griechischen Tragödie vollendet findet[67]. Ausgangspunkt von Nietzsches Thesen zum Wesen der Tragödie ist die durch antike Quellen überlieferte Auffassung, die Tragödie sei ursprünglich aus dem reinen Chor entstanden.

Vor dem Hintergrund dieser Annahme lehnt Nietzsche die bisherigen Deutungen des tragischen Chors als Vertretung des Volkes gegenüber dem Adel oder als Inbegriff des idealen Zuschauers ab[68]. Seiner Meinung nach bestand der tragische Chor ursprünglich aus den durch Schauspieler dargestellten Satyrn, den Begleitern des Dionysos. Der Satyr, das „fingirte Naturwesen"[69] vertrat die heilige Welt der Götter und die unabhängig von der vergänglichen Zivilisation fortdauernde Natur[70].

Zu dem ursprünglichen dionysischen Chor der Satyrn, der das Ur-Eine hinter allen flüchtigen Erscheinungen verkörpert, sei in natürlicher Entwicklung eine

---

[65] Für Nietzsche ist auch der Gedanke der ewigen Wiederkehr zunächst ein Grund des existenziellen Grauens, das aber durch den *amor fati*, die emphatische Bejahung allen Geschehens, überwunden wird. Vgl. KAIN, S. 57-62.
[66] Vgl. JOVANOVSKI, S. xxxvi.
[67] In den späteren Kapiteln der *Geburt der Tragödie* feiert Nietzsche Wagners Opern als zeitgenössische Form und Wiederkehr dieses Kunstideals. Nach dem Bruch mit Wagner hat er diese Meinung bekanntlich verworfen und äußert sich entsprechend in seinem später dem Werk vorangestellten *Versuch einer Selbstkritik*. Vgl. NIETZSCHE, S. 14.
[68] Vgl. ebd., S. 48-49.
[69] Ebd., S. 51. Der Satyr ist eine (halb)göttliche Mischgestalt zwischen Mensch und Tier, wie sie auch der Schamanismus kennt. Wie wir sehen werden, spielt diese heilige Überschreitung der Grenze zwischen Mensch und Tier auch in Batailles Analyse der sakralen Überschreitungen eine wichtige Rolle.
[70] Vgl. ebd., S. 52.

apollinische Darstellung solcher Erscheinungen hinzugetreten, die Dramatisierung vergänglicher Handlungen und Menschen. Der tragische Chor war nach Nietzsche im frühesten Entwicklungsstadium „eine Selbstbespiegelung des dionysischen Menschen"[71]. Daher gab es für den Zuschauer, der selbst dionysisch affiziert war, keine Trennung mehr zwischen Chor und Publikum. Insofern wohnte dem ursprünglichen Ritual des reinen Chors von vornherein etwas Visionäres inne. Die dionysische Erregung erzeugte beim Zuschauer nämlich eine bildnerische Einbildungskraft, brachte also eine genuin apollinische Kraft hervor:

> Dieser Prozess des Tragödienchors ist das dramatische Urphänomen: sich selbst vor sich verwandelt zu sehen und jetzt zu handeln, als ob man wirklich in einen anderen Leib, in einen andern Charakter eingegangen wäre.[72]

In dieser zugleich dionysischen und apollinischen „Verzauberung", der Schau des eigenen rauschhaften Zustands in einer dramatischen Vision, sieht Nietzsche eine Form der Selbstüberschreitung: „ein Aufgeben des Individuums durch Einkehr in eine fremde Natur"[73]. Die griechische Tragödie kommt in dem Hinzutreten der dramatischen Handlung zu den Chorpartien zu ihrer Vollendung, und wir haben sie mit Nietzsche „als den dionysischen Chor zu verstehen, der sich immer von neuem wieder in einer apollinischen Bilderwelt entladet"[74]. Der eigentliche Inhalt der aus dem dionysischen Taumel hevorgehenden apollinischen Traumvision ist der Gott Dionysos selbst. Ursprünglich wurde dieser nur als im Chor der Satyrn anwesend vorgestellt, im dramatischen Teil der Tragödie aber wird er als „der eigentliche Bühnenheld und Mittelpunkt der Vision" sichtbar[75]. Alle späteren Helden der Tragödie sind demnach „nur Masken jenes ursprünglichen Helden Dionysus"[76].

Die verschiedenen Heldenfiguren der Bühne stellen dabei mal „passive", mal „aktive" Typen des dionysischen Menschen dar. Ödipus etwa erscheint Nietzsche als der Inbegriff des passiven Typs, als rein Leidender, während Prometheus als aufbegehrender und schöpferischer Titan für ihn das ideale Beispiel

---

[71] Ebd., S. 56.
[72] Ebd., S. 57.
[73] Ebd.
[74] Ebd., S. 58.
[75] Ebd., S. 59.
[76] Ebd., S. 67.

des aktiven Typs ist[77]. In beiden Fällen geht die Glorie des Helden mit einer Überschreitung des natürlichen bzw. göttlichen Gesetzes einher: Ödipus kann gerade deshalb das Rätsel der Sphinx lösen, weil er im Vatermord und im Inzest mit der Mutter „eine ungeheure Naturwidrigkeit" begangen hat. Hierin zeigt sich für Nietzsche, „dass der, welcher durch sein Wissen die Natur in den Abgrund der Vernichtung stürzt, auch an sich selbst die Auflösung der Natur zu erfahren habe"[78].

Im Raub des göttlichen Feuers durch den ins Titanische gesteigerten Menschen Prometheus sieht Nietzsche „die erhabene Ansicht von der activen Sünde als der eigentlich prometheischen Tugend"[79]. Die Überschreitung des Naturgesetzes oder der göttlichen Ordnung ist immer auch eine Überschreitung des apollinischen Maßes. Daher liegt in ihr für den dionysischen Menschen auch die Möglichkeit einer Überwindung der illusorischen Individuation – eine Überwindung, die von glorioser Erhabenheit ist und zugleich schreckliches Leid mit sich bringt:

> Bei dem heroischen Drange des Einzelnen ins Allgemeine, bei dem Versuche über den Bann der Individuation hinauszuschreiten und das eine Weltwesen selbst sein zu wollen, erleidet er an sich den in den Dingen verborgenen Urwiderspruch, d. h. er frevelt und leidet.[80]

Die anfangs nur in der Vorstellung des Chors gegebene Handlung der Tragödie besteht in den Leiden des von den Titanen zerstückelten Dionysos, die jedoch „gleich einer Umwandlung in Luft, Wasser, Erde und Feuer" das Unglück der Individuation auflösen und den Leidenden zur Einheit des Seins führen[81]. Alle Helden der Tragödie sind also letztlich ideale Verkörperungen des dionysischen Menschen, der das erschreckende Geheimnis des Daseins erkannt hat:

> [D]ie Mysterienlehre der Tragödie [...]: die Grunderkenntniss von der Einheit alles Vorhandenen, die Betrachtung der Individuation als des Urgrundes des Uebels, die Kunst als die freudige Hoffnung, dass der Bann der Individuation zu zerbrechen sei, als die Ahnung einer wiederhergestellten Einheit.[82]

---

[77] Vgl. ebd., S. 62-63.
[78] Ebd., S. 63.
[79] Ebd., S. 65.
[80] Ebd., S. 66.
[81] Ebd., S. 68.
[82] Ebd., S. 69.

Hier finden wir in Nietzsches Begriff des Dionysischen eine theoretische Überführung des Ekstatischen aus dem religiösen Diskurs in den ästhetischen. Die Kunst übernimmt für Nietzsche die Rolle der Religion und das ideale Kunstwerk, wie er es in der griechischen Tragödie erblickt, tritt als Garant einer erlösenden, mystischen Einheitserfahrung an die Stelle des Rituals oder der Kontemplation.

Daraus erklärt sich auch, warum Nietzsche wie kaum ein anderer Philosoph von Künstlern rezipiert wurde[83]. Abgesehen von den zahlreichen bewussten Bezugnahmen und dem nachweisbarem Einfluss Nietzsches in den Künsten, eröffnet Nietzsches Begrifflichkeit des Apollinischen und des Dionysischen aber auch eine allgemeine ästhetische Perspektive, die sich auf jedes Kunstwerk beziehen lässt[84].

Obwohl die beiden Begriffe bestimmten Kunstgattungen, der bildenden Kunst und der Musik zugeordnet sind, gibt es innerhalb jeder Kunstgattung Elemente des jeweils anderen Prinzips, wie Nietzsche selbst erläutert[85]. Es gibt aber auch Formen der Vermischung der beiden Kunstwelten, wie dies gerade Nietzsches Ideal in der *Geburt der Tragödie* ist.

So, wie es eine apollinische Musik geben kann, kann es das Dionysische auch im Bild geben. Beispielsweise lassen sich Beziehungen von Nietzsches Ästhetik zum surrealistischen Verfahren der schockartigen Kombination disparater und scheinbar unvereinbarer Elemente herstellen[86]. Daher scheint es mir ebenso möglich, auch bestimmte ästhetische Verfahren *im Film* als dionysisch im Sinne Nietzsches zu klassifizieren, zumal der Film in der historischen Entwicklung seiner Ästhetik in einem engen Verhältnis zum Drama steht, sei es in der Abgrenzung davon oder in der Adaption dramatischer Ausdrucksmittel.

---

[83] Als ein treffendes Beispiel sei hier nur die begeisterte Rezeption Max Ernsts erwähnt, der behauptete in Nietzsches Buch *Die fröhliche Wissenschaft* sei bereits der ganze Surrealismus enthalten. Vgl. Nicoletta Wojtera: *Friedrich Nietzsche und der Surrealismus. Lyrisches Verfahren und Ästhetisches Verhalten im „Bild"*. München 2008, S. 11, 95-106.

[84] In Nietzsches späteren Werken spielt zwar nur noch der Begriff des Dionysischen eine Rolle, doch als ästhetisches Schema hat das ursprüngliche Begriffspaar Eingang in den Kunstdiskurs gefunden.

[85] So beschreibt er etwa apollinische Musik als „dorische Architektonik in Tönen". Nietzsche, S. 29.

[86] Vgl. Wojtera, S. 31-36.

Das genuin Dramatische im Sinne der Bühnen*handlung* bildet bei Nietzsche allerdings gerade der apollinische Teil der Tragödie, eben die bildnerische Traumvision. Die Handlung einer Tragödie ist jedoch durch das Dionysische bestimmt und insofern dessen Ausdruck, als sie den gloriosen Niedergang eines idealen Menschen darstellt und gerade in seiner leidvollen Auflösung einen Triumph über die apollinische Individuation feiert. Dieses dionysisch geprägte Handlungsschema der Tragödie lässt sich in variierter Form ebenso im Film wiederfinden.

Schwieriger dürfte es sein, ein überzeugendes Äquivalent des genuin dionysischen Elements der Tragödie, des *Chores*, im Film auszumachen. Ruft man sich in Erinnerung, dass die Chorpassagen der Tragödie die Handlung nicht nur unterbrechen, sondern auch die apollinische Illusion als solche erkennbar machen, könnte man eine Parallele zu allen *disruptiven*, also die Narration und vor allem die Illusion störenden Elementen im Film ziehen. Allerdings wäre die dionysische Illusionsdurchbrechung keinesfalls im Sinne einer intellektuellen Selbstreflexion auf die Konstruiertheit des Kunstwerks zu verstehen, sondern eher als schockartige Offenbarung einer tieferliegenden Einheit.

Die Musik des Dithyrambus, des dionysischen Chorgesangs, ist für Nietzsche der Ausdruck eines rauschhaften Werdens und Vergehens, des erschreckenden Ur-Einen hinter allen Dingen. Nicoletta Wojtera zieht in diesem Zusammenhang eine möglicherweise auch für die Analyse des *bewegten Bildes* interessante Parallele zwischen Nietzsches Ästhetik und der surrealistischen „Bestimmung der konvulsivischen Schönheit als Moment der Interferenz von Bewegung und Statik"[87]. Das Dionysische im Film könnte dementsprechend als ein konvulsivischer Wechsel von Stillstand und Bewegung bestimmt werden, einer exzessiven Bewegung, die ein reines Werden verkörpert und so die Handlung überschreitet.

Das Dionysische als ästhetisches Prinzip des Rausches kann im Film also einerseits die „dramatische" Handlung prägen, andererseits übersteigt es in seiner reinen Form als gegenstandlose Bewegung die Diegese, indem es ein zugleich erschreckendes und erhebendes „Dahinter" reinen Werdens offenbart.

---

[87] Ebd., S. 47.

d) Die Überschreitung bei Georges Bataille

Das von Nietzsche entwickelte Konzept des Dionysischen, überhaupt Nietzsches Gedankenwelt übten einen starken Einfluss auf denjenigen Denker aus, dessen Gesamtwerk die wohl bisher ausführlichste und komplexeste – wenn auch unsystematische – Betrachtung der Phänomene Exzess, Ekstase und Überschreitung darstellt: Georges Bataille. Wie erwähnt, sollen Batailles Theorien den zentralen Bezugspunkt und die Grundlage des von mir als umfassende Untersuchungskategorie für Żuławskis Œuvre eingeführten Begriffs der *Selbstüberschreitung* bilden.

Batailles Gedankenwelt ist nicht nur von Nietzsche beeinflusst, sondern ebenso von zunächst sehr heterogenen Gedankenwelten wie dem dialektischen Denken von Hegel, Marx und Kojève, den Schriften des Marquis de Sade, Freuds und den Soziologen der Durkheimschule[88]. Auch war Bataille zeitweise Mitglied der Surrealisten, bis es zum Bruch mit deren despotischem Leiter André Breton kam und sich um Bataille nach und nach weitere Dissidenten der Gruppe scharten. Trotz einer späteren Wiederannäherung trug Bretons Verdikt in den Kreisen der zeitgenössischen Intellektuellen zunächst zur Vernachlässigung von Batailles Werken bei, die durch eine polemische Rezension Jean-Paul Sartres weiter verfestigt wurde[89]. Erst eine neue Generation von Denkern, die man später unter dem durchaus problematischen Label des Poststrukturalismus zusammenfassen sollte, entdeckte Bataille für sich als eine Art Vorreiter[90].

Dass Bataille selbst immer noch zu den unbekannteren Figuren der modernen Geistesgeschichte gehört, erklärt sich mit Sicherheit zum Teil aus seiner oft kryptischen Schreibweise, in der er wissenschaftliche mit poetischer Sprache vermengt, und bewusst eine Reduktion des Anteils objektiver Erkenntnis in seinen Werken in Kauf nimmt[91], um so im Schreiben weniger einer Erkenntnis,

---

[88] Vgl. NICK LAND: *The Thirst for Annihilation. Georges Bataille and Virulent Nihilism: An Essay in Atheistic Religion*. London, New York 1992, S. 25-27.
[89] Vgl. PETER WIECHENS: *Bataille zur Einführung*. Hamburg 1995, S. 23.
[90] Vgl. ebd., S. 97-118.
[91] Vgl. GEORGES BATAILLE: *Die Erotik*. München 1994, S. 96.

als der „*inneren Erfahrung*" dessen näherzukommen, was sein zentrales Thema ist: die subjektive Entgrenzung des Ichs, die Selbstüberschreitung[92]. Trotz dieser zum Teil beabsichtigten Hermetik seines Werks lassen sich die Grundzüge seines Denkens doch annäherungsweise skizzieren. Für das Verständnis von Batailles Theorien ist seine Vorstellung vom Individuum grundlegend:

> Wir sind diskontinuierliche Wesen, Individuen, die getrennt voneinander in einem unbegreiflichen Abenteuer sterben, aber wir haben Sehnsucht nach der verlorenen Kontinuität. Wir ertragen die Situation nur schwer, die uns an eine Zufalls-Individualität fesselt, an die vergängliche Individualität, die wir sind.[93]

Das Individuum erfährt sich auf schmerzhafte Weise als diskontinuierlich und ersehnt eine *Kontinuität des Seins*, die Bataille zufolge der Ursprung aller Vorstellungen vom Heiligen oder Göttlichen ist. Der Tod als Zerstörung der diskontinuierlichen Wesen ist eng mit dieser *Kontinuität des Seins* verbunden. Er ist aber nicht mit ihr gleichzusetzen, wie Bataille ausdrücklich betont[94], sondern vermag die Kontinuität lediglich in bestimmten ritualisierten Szenarien zu offenbaren. Die archetypische religiöse Handlung, in der dies sich vollzieht, ist die Opferzeremonie:

> Das Opfer stirbt und die Anwesenden partizipieren an einem Element, das sein Tod offenbart. [...]. Das Heilige ist eben die Kontinuität des Seins, die denen offenbart wird, die ihre Aufmerksamkeit in einem feierlichen Ritus auf den Tod eines diskontinuierlichen Wesens richten. Durch den gewaltsamen Tod wird die Diskontinuität eines Wesens gebrochen: das, was in der eintretenden Stille die angstvollen Seelen spüren, ist die Kontinuität des Seins, der das Opfer zurückgegeben wurde.[95]

Ausgehend von der Urform des Opfers ist für alle Formen der Selbstüberschreitung im Sinne Batailles festzuhalten, dass sie mit einer rauschhaften „Erfahrung von Verlust, Auflösung, Tod bzw. Todesnähe"[96] verbunden sind. Die

---

[92] „A recovery of the sense of Bataille's writing is the surest path to it's radical impoverishment." LAND, S. xii.
[93] BATAILLE: *Die Erotik*, S. 17.
[94] Vgl. ebd., S. 24.
[95] Ebd.
[96] WIECHENS, S. 17.

dem Gedanken des Opfers inhärente unproduktive *Verschwendung* von Ressourcen, die bewusste Verausgabung, stellt für Bataille die eigentliche Form *souveräner* Handlungen des Menschen dar, in welchen er nämlich der zweckgebundenen, profanen Welt der Arbeit den Rücken kehrt und in die heilige Welt des Überflusses eintritt, in der die Handlungen und Dinge nur noch ihren Zweck in sich selbst haben und die *Kontinuität des Seins* annäherungsweise fühlbar wird[97]. Für Bataille ist das Leben selbst reiner Exzess, es bringt immer einen Überschuss an Energie mit sich, der verausgabt werden muss[98].

Dieser universale Exzess ist gemäß Batailles sogenannter *allgemeiner Ökonomie* rückgekoppelt an die verschwenderische Energieabgabe der Sonne als Motor allen Lebens[99]. Aus einer kosmischen Perspektive kann dies mit dem thermodynamischen Prinzip der Entropie erklärt werden, der ständigen Zunahme an Unordnung in einem geschlossenen System bis zum endgültigen Wärmetod des Universums[100]. Der Gedanke des unabdingbaren Exzesses ist für Bataille der Ausgangspunkt seiner weitreichenden Untersuchungen zu Ökonomie, Politik, Erotik, Kunst und Religion, in denen er eine allumfassende, anthropologisch und soziologisch fundierte Theorie der menschlichen Kultur skizziert. Dabei gilt Batailles zentrales Interesse jedoch letztlich immer der Innenperspektive, der „inneren Erfahrung" jener vom Menschen im Exzess erlebten Selbstentgrenzungen.

Der Terminus *innere Erfahrung* ersetzt für Bataille den der mystischen Erfahrung, da er sich von den durch bestimmte religiöse Vorstellungen und Begriffe geprägten und seiner Meinung nach das Wesen der Erfahrung verfälschenden Traditionen der Mystik abgrenzen möchte. Die *innere Erfahrung* bezeichnet bei ihm letztlich das Gleiche, nämlich „Zustände der Ekstase, der Verzückung oder wenigstens einer meditativen Gemütsbewegung"[101], aber eben frei von der Bindung an einen Glauben. Das wahre Ziel einer solchen Erfahrung kann ihm zufolge nicht das der Erfassung eines wie auch immer gearteten Gottes sein,

---

[97] Vgl. GEORGES BATAILLE: *Der verfemte Teil*. In: DERS.: *Die Aufhebung der Ökonomie*. Hg. von Gerd Bergfleth und Axel Matthes. München 1975, S. 47.
[98] Vgl. BATAILLE: *Die Erotik*, S. 84f, 91f.
[99] BATAILLE: *Der verfemte Teil*, S. 53f.
[100] Vgl. LAND, S. 37.
[101] GEORGES BATAILLE: *Die innere Erfahrung. Nebst Methode der Meditation und Poststkriptum 1953. Atheologische Summe I*. München 1999, S. 13.

sondern das „der dunkleren Erfassung des Unbekannten [...], einer Anwesenheit, die sich in nichts mehr von einer Abwesenheit unterscheidet"[102], wobei das *Unbekannte* bei ihm letztlich das sich jeder Ratio Entziehende in der Totalität des Seins meint. Die innere Erfahrung ist als „Reise ans Ende des dem Menschen Möglichen"[103] aber auch nicht mehr an irgendein Heil oder die Autorität eines Gottes oder erstrebenswerten Endziels wie des buddhistischen Nirvanas geknüpft[104]. Sich von aller Teleologie lossagend misst Bataille der inneren Erfahrung selbst die höchste Autorität bei.

Um zur inneren Erfahrung der Ekstase zu gelangen, ist eine Überschreitung der auf Verboten gründenden profanen Welt der Arbeit und des Handelns notwendig. Alle Tabus und Verbote wurzeln in einem allgemeinen Verbot der *Gewaltsamkeit*[105], ein Begriff der bei Bataille den allem Leben inhärenten Energieüberschuss bezeichnet, der in überschwänglichen Akten der Verschwendung hervorbricht und eine zersetzende bzw. entropische Wirkung hat. Jegliche Aufsparung und jeder zweckhafte Einsatz von Energieressourcen etwa zum Wachstum stellen im Grunde nur Verzögerungen des letztlich immer wirksamen universalen Prinzips der Verausgabung dar[106].

Dieser Exzess spiegelt sich sowohl in den biologischen Vorgängen der Natur als auch in der menschlichen Kultur wider. Deren Besonderheit ist es jedoch, eine *Welt der Arbeit* geschaffen zu haben[107], in der das Aufsparen von Ressourcen bzw. deren zweckhafter Einsatz und damit der Aufschub des Exzesses zum Prinzip erhoben ist. Dies zeichnet den Menschen vor den Tieren aus und ermöglicht ihm sein Projekt des Fortschritts, andererseits versklavt ihn das Primat der Zweckhaftigkeit und verschärft sein Leiden an seiner diskontinuierlichen, vom Ganzen des Seins abgetrennten Natur[108].

Der *Welt der Arbeit* steht die auch im Menschen wirkende ursprüngliche *Gewaltsamkeit* entgegen, der Drang zum Exzess. Sie ist in vielerlei Hinsicht Freuds Konzept des Todestriebs vergleichbar[109]. Die *Gewaltsamkeit* offenbart

---

[102] Ebd., S. 16.
[103] Ebd., S. 18.
[104] Noch in der Ontologie Heideggers, für den Bataille eine gewisse Wertschätzung hat, stellt er ein solches Telos fest, nämlich das der Erkenntnis. Vgl. ebd., S. 18.
[105] Vgl. BATAILLE: *Die Erotik*, S. 43.
[106] Vgl. BATAILLE: *Der verfemte Teil*, S. 44f.
[107] Vgl. BATAILLE: *Die Erotik*, S. 41-43.
[108] Vgl. ebd.
[109] Vgl. WIECHENS, S. 25, HEINRICHS, S. 27.

sich beim Menschen vor allem in der Sexualität und der körperlichen Gewalt, deren enge Verwandtschaft und Verbundenheit mit dem Tod Bataille erläutert[110]. In ihrer besudelnden und zersetzenden Wirkung legen die *gewaltsamen* Handlungen die formlose und ekelerregende „matière basse" frei, die niedere Materie, das gärende Protoplasma des Lebens, in dem für Bataille eine heilige und zugleich erschreckende Einheit aller Dinge sichtbar wird[111].

Damit dieser Trieb zur Zerstückelung nicht die menschliche *Welt der Arbeit* zerstört, ist die *Gewaltsamkeit* mit historisch wandelbaren Verboten belegt worden, die sich vor allem auf die sexuelle Aktivität, den Umgang mit den Toten und die physische Gewalt beziehen[112]. Das Streben nach einem Gefühl der *Kontinuität des Seins* findet aber nur in den Exzessen und damit also in den Überschreitungen der Verbote ihre Befriedigung. In der exzessiven Verausgabung – und gerade nicht im asketischen Verzicht – ist dem Menschen das Heilige zugänglich.

Die Überschreitung des Verbots ist demnach die Voraussetzung der Selbstentgrenzung, die die ekstatische Erfahrung des Einsseins mit der Welt ermöglicht[113]. Von daher erklärt sich auch die enge Verwandtschaft, die Bataille zwischen der Religion und der Erotik konstatiert. Beide Bereiche stellen Organisationsformen der Überschreitung bzw. des in Bahnen gelenkten Exzesses dar und in den antiken und heidnischen Bräuchen waren sie sogar oft gekoppelt. Der Mensch regredierte dabei keinesfalls zum Tier, sondern hatte in einer bewussten Überschreitung zum Tier als vorgestelltes Mischwesen aus Mensch und Tier Anteil am Göttlichen[114], so wie dies auch Nietzsche in Bezug auf die Satyrn behauptete und wie es der Schamanismus in der äußerlichen Angleichung ans Tier praktizierte. Nicht nur das Opfer als eine ritualisierte Überschreitung des Tötungsverbots, auch die religiösen Feste, die in den antiken

---

[110] Vgl. BATAILLE: *Die Erotik*, S. 55-62.
[111] GEORGES BATAILLE: *Le bas matérialisme et la gnose*. In: DERS.: *Œuvres complètes I. Premiers Écrits 1922-1940*. Paris 1970. S. 220-226, S. 225. Vgl. zum Konzept der „niederen Materie" auch WINFRIED MENNINGHAUS: *Ekel. Theorie und Geschichte einer starken Empfindung*. Frankfurt a. M. 1999, S. 485-502.
[112] Vgl. BATAILLE: *Die Erotik*, S. 43-55.
[113] Vgl. ebd., S. 63-69. Bataille betont hier ausdrücklich, dass die Überschreitung das Verbot nicht negiert, sondern im Gegenteil vervollständigt und in einer dialektischen Weise auf eine höhere Stufe hebt. Dies drückt sich in der paradoxen Formel „Das Verbot ist da, um verletzt zu werden." (S. 64) aus.
[114] Vgl. ebd., S. 82f.

Riten oft den Charakter heiliger Orgien hatten, stellen solche organisierten Exzesse dar[115]. Ebenso war für Bataille auch der Krieg in seiner archaischen Form eine gesellschaftliche Organisationsform der Überschreitung des Tötungsverbots. Er war seiner Meinung nach ursprünglich nicht einem politischen Zweck untergeordnet, sondern eine Form der rauschhaften Verausgabung bis in den Tod[116].

All diese Überschreitungen zum Exzess sind für Bataille der Schlüssel zur Ekstase. Sie führen das Individuum erst zu einer Selbstverleugnung und dann zu einer Verschmelzung des Selbst mit dem „Ganzen", das heißt mit der *Kontinuität des Seins*. In dieser Verschmelzung kommt es schließlich zur Vernichtung von allem, was nicht das *Unbekannte* ist. Diese „nichtdiskursive Innerlichkeit"[117] bildet auch die Basis für eine *souveräne*[118], das heißt tiefgreifende Kommunikation, die Bataille *erotisch* nennt, wenn sie zwischen einem Wesen und *einem* anderen stattfindet und *heilig* oder *komisch*, wenn sie zwischen einem Wesen und *mehreren* anderen stattfindet. In jedem Fall bedeutet sie aber „eine (zeitweilige) Erlösung und Befreiung des Individuums aus seiner diskontinuierlichen, isolierten Existenzweise"[119].

Die innere Erfahrung steht in Opposition zum diskursiven Denken, das der zweckhaften *Welt der Arbeit* zugehörig ist und auf der klaren Trennung von Subjekt und Objekt beruht. Gerade diese Grenzen verwischen sich aber in der Erfahrung, es kommt zu einer „Verschmelzung von Objekt und Subjekt, indem sie als Subjekt Nichtwissen ist, als Objekt das Unbekannte"[120]. In diesem ekstatischen Zustand löst sich das Subjekt zwar nicht ganz auf, erfährt sich selbst aber auch nicht mehr als diskontinuierliches, isoliertes Subjekt, sondern als Ort der Kommunikation mit dem *Unbekannten*[121]. Im Grunde sind für Bataille alle Formen menschlichen Verhaltens, die auf die innere Erfahrung abzielen, geprägt von der Suche nach Wegen, die Isolierung des Lebens zu durchbrechen

---

[115] Vgl. GEORGES BATAILLE: *Die Tränen des Eros*. München 1981, S. 77.
[116] Vgl. BATAILLE: *Die Erotik*, S. 75-77.
[117] BATAILLE: *Die innere Erfahrung*, S. 161.
[118] Vgl. HEINRICHS, S. 77-80. Batailles Konzept der Souveränität impliziert eine Gleichgültigkeit gegenüber den Folgen einer Handlung und damit eine Befreiung vom Primat des Zwecks. Sie ist eine „Radikalisierung des Augenblicks, der Augenblickserfahrung in ihrer Totalität und Uneingeschränktheit" (S. 77).
[119] WIECHENS, S. 90.
[120] BATAILLE: *Die innere Erfahrung*, S. 21.
[121] Vgl. ebd., S. 22f.

hin zu einer „weittragende[n] Kommunikation" als Verschmelzung des Subjekts mit dem Anderen und letztlich mit der Kontinuität des Seins[122]. Als mittlerweile kaum noch zugängliche, wenn nicht schon immer schwer zu erreichende Utopien, erscheinen dabei die „romantische" Liebe oder „Erotik der Herzen"[123] und die Poesie, die für Bataille im Grunde eine Opferung der Sprache ist, da die Wörter in der Poesie aus ihren zweckmäßigen Bindungen des diskursiven Denkens befreit werden und so der Teil des *Unbekannten* in den Dingen, die sie bezeichnen, hervortritt[124].

Aus medienwissenschaftlicher Perspektive ist besonders interessant, dass die Zustände der Ekstase und Verzückung in ihrer vollkommensten Form für Bataille immer an eine sogenannte „Dramatisierung der Existenz"[125] geknüpft sind, von der es kulturgeschichtlich viele verschiedene Formen gegeben hat. Bataille nennt unter anderem das Opferritual und das Mysterienspiel bzw. religiöse Formen des Theaters[126], aber auch die Vision als Methode der christlichen Mystik des Mittelalters, die sich gleichsam auf einer inneren Bühne abspielt. Die Dramatisierung ermöglicht, sich selbst zu überschreiten:

> [E]ine Art Umbruch – in der Angst – läßt uns den Tränen nahe sein: da verlieren wir uns, wir vergessen uns selbst und kommunizieren mit einem ungreifbaren Jenseits[127].

Die dramatische Kunst bedient sich nichtdiskursiver Empfindungen und wirkt durch „eine Art Übertragung"[128]. Das Dramatische der Existenz besteht dabei nicht in irgendwelchen vorübergehenden Umständen des Seins: „Es besteht einfach darin, zu sein."[129]. Dies erklärt sich aus Batailles These, dass das Subjekt eigentlich an der Zerrissenheit zwischen *zwei* Trieben leide, die ihn einerseits zur Autonomie, das heißt zur diskontinuierlichen Seinsweise, andererseits zur *Kontinuität des Seins* drängten[130].

---

[122] Vgl. ebd.
[123] Vgl. BATAILLE: *Die Erotik*, S. 21-24.
[124] Vgl. BATAILLE: *Die innere Erfahrung*, S. 189-190.
[125] Ebd., S. 22-25.
[126] Hier ist auch eine deutliche Anknüpfung Batailles an Nietzsche zu erkennen.
[127] BATAILLE: *Die innere Erfahrung*, S. 23.
[128] Ebd., S. 27.
[129] Ebd., S. 25.
[130] Vgl. ebd., S. 121.

Im Zusammenhang mit der Dramatisierung der Existenz stehen auch die zwei Stadien der Ekstase, die Bataille unterscheidet: die „Ekstase vor dem Objekt" und die „Ekstase in der Leere"[131]. In der Ekstase vor dem Objekt bildet die Projektion eines dramatischen Selbstverlusts das Objekt der Ekstase. Das Subjekt sucht nach seinem Ebenbild als Objekt, das sich verliert; es hat das Bedürfnis, den dramatischen Selbstverlust zu objektivieren. Dies ist bei den Teilnehmern einer Opferzeremonie der Fall aber auch in der Involviertheit der Zuschauer eines Mysterienspiels.

Schon Nietzsches These war gewesen, dass der ursprüngliche dionysische Rausch des antiken Zuschauers einer Tragödie aus der Identifikation mit dem unaufhaltsamen Niedergang des Helden und somit einer lustvollen Bejahung des eigenen Niedergangs oder Selbstverlusts entspringe. Bataille betont ausdrücklich, dass sich die identifizierende Teilnahme an einem Opfer auch auf ästhetische Darstellungen der Vernichtung oder Vernichtungsdrohung eines Helden etwa in Romanen und Filmen beziehen kann[132].

Das Objekt der Ekstase, sei es ein dargebrachtes Opfer oder der Held der Tragödie, ist für das betrachtende Subjekt wie ein „schwindelerregender Punkt, der alles enthält, was die Welt an Zerreißendem birgt, das unaufhörliche Gleiten von allem ins Nichts, wenn man so will: die Zeit"[133]. Dieser Punkt ist zugleich das Ebenbild des Betrachters, er ist eine Person, die weder das „Ganze" noch das abgeschlossene Individuum verkörpert, sondern „ein ‚Ich', das gleichzeitig in beide Richtungen flüchtet"[134].

In der christlichen Mystik wird diese Funktion vor allem vom gekreuzigten Christus, aber auch von den Darstellungen gemarterter Heiliger übernommen. Im antiken Dionysoskult war es der von einem Schauspieler dargestellte Gott, in der daraus hervorgegangenen Tragödie der Held, dessen dramatisierte Opferung die Handlung der Tragödie war. Wichtig ist hier, dass dieses Stadium der Ekstase auch in der geistigen Projektion des Dramas auf eine innere Bühne möglich ist[135].

---

[131] Vgl. ebd., S, 159-177.
[132] Vgl. BATAILLE: *Die Erotik*, S. 85f; BATAILLE: *Die innere Erfahrung*, S. 258. Fußnote 1.
[133] Ebd., S. 164.
[134] Ebd., S. 165.
[135] Vgl. ebd., S. 166.

Dieses *Objekt der Ekstase* setzt sich der Geist und wird damit gewissermaßen zum Auge. Die inneren Bewegungen des Subjekts fungieren dabei wie eine Lupe, die das Licht in einem Punkt konzentriert. Der Übergang von einem Zustand diffuser Aufgewühltheit zu einer Projektion des Selbstverlusts wird Bataille zufolge erheblich durch mediale Hilfsmittel erleichtert. Als Beispiel dafür nennt er die grauenerregenden Photographien der chinesischen „Folter der Hundert Schnitte" (Ling-Shi), welche er in seinem der bildlichen Repräsentation von Selbst-überschreitungen gewidmeten Werk *Die Tränen des Eros* auch abgedruckt und besprochen hat[136]. In der affektgeladenen Identifikation mit dem Objekt der Ekstase, das heißt in diesem Fall der gemarterten Person, kommt es schließlich zu einem tiefen Verlangen, einer Liebe zu diesem Fluchtpunkt des Unfassbaren[137].

Dieser von heftigen und widersprüchlichen Affekten hervorgerufene Taumel mündet schließlich in einem „rein innerliche[n] Sturz in eine Leere"[138] und führt damit die Ekstase in ihr zweites Stadium, das noch schwerer diskursiv zu erfassen ist. Die Ekstase in der Leere, die der Unmöglichkeit einer Sättigung des Verlangens nach dem Objekt der Ekstase entspringt, führt zu einer nachträglichen Aufhebung des Objekts, ein Akt, den Bataille „Bestreitung" nennt, da darin jegliches Wissen und alle Glaubensgewissheiten bestritten werden:

> Ein Zustand der Entblößung, des Flehens ohne Antwort, in dem ich dennoch dies gewahre: dass er aus der Vermeidung der Ausflüchte hervorgeht.[139]

Angst und Schrecken offenbaren schließlich die „Nacht des Nichtwissens"[140], die tiefste Form der Ekstase, in der sich alles Diskursive, verstandesmäßig Erfassbare restlos aufgelöst hat.

Es ist im Kontext dieser filmanalytischen Arbeit von entscheidender Wichtigkeit zu betonen, dass für Bataille beide Stufen der Ekstase – ganz in Übereinstimmung mit der christlichen Tradition der *visio* – untrennbar mit der optischen Wahrnehmung verbunden sind:

---

[136] Vgl. BATAILLE: *Die Tränen des Eros*, S. 245-247.
[137] Vgl. BATAILLE: *Die innere Erfahrung*, S. 170.
[138] Ebd.
[139] Ebd., S. 26.
[140] Diesen Begriff entlehnt Bataille den Schriften des katholischen Mystikers Johannes vom Kreuz. Vgl. ebd., S. 24.

Die Ekstase hat insoweit einen optischen Rahmen, als man hier ein wahrgenommenes Objekt von einem wahrnehmenden Subjekt unterscheidet, wie ein Schauspiel vor einem Spiegel unterschieden ist. Der Apparat des Sehens (der phys. Apparat) nimmt übrigens in diesem Fall die größte Rolle ein. Es ist ein Schauspiel, es sind Augen, die den Punkt suchen, wenigstens konzentriert sich bei diesem Verfahren die Existenz des Zuschauers in den Augen. Dieser Charakter hört nicht auf, wenn die Nacht hereinbricht. Was sich dann in der tiefen Dunkelheit findet, ist ein gieriges Verlangen zu sehen, während sich vor diesem Verlangen alles entzieht.[141]

Das Verlangen nach dem Objekt der Ekstase, das in der Nacht verschwunden ist, führt das Subjekt zunächst in einen Zustand der Angst und Lähmung, dann jedoch zu einer Transformation des Verlangens bzw. zur Erkenntnis seines eigentlichen Verlangens, das auf die *Kontunität des Seins* als die allesverschlingende Nacht gerichtet ist:

> In IHR erlischt alles, doch mit weit aufgerissenen Augen durchquere ich eine leere Tiefe, und die leere Tiefe durchquert mich. In IHR kommuniziere ich mit dem „Unbekannten", das dem „Ipse" [dem Selbst] entgegengesetzt ist, das ich bin.[142]

Beide Stadien der Ekstase werden von Bataille also als innere Zustände mit einem ausgeprägt *visuellen* Charakter beschrieben. Sowohl der konkrete Anblick einer dramatisierten Auflösung eines Individuums im Opferritual, in der Tragödie, auf Photographien und im Film kann eine Ekstase vermitteln, als auch die rein innerliche Vorstellung, die bei der Lektüre bestimmter Literatur oder in der Meditation das Objekt der Ekstase auf einer inneren Bühne konstituiert. Und auch die *Ekstase in der Leere* wird als *visuelles* Erlöschen aller Dinge beschrieben, worauf ich in der Analyse von Żuławskis Mise-en-Scène noch zurückkomme.

Neben dem betont dramatischen und visuellen Charakter der Selbst-überschreitung gibt es noch eine allgemeinere Verbindungslinie von Batailles Theoriegebäude zum Film. Ganz allgemein ist nämlich *Kunst* für Bataille ebenfalls eine Form unproduktiver Verschwendung und stellt damit eine in seinem Sinne

---

[141] Ebd., S. 173-174.
[142] Ebd., S. 175.

souveräne und sakrale Handlung dar¹⁴³. Dabei ist der Überschreitungscharakter in der Kunst unterschiedlich stark ausgeprägt, je nachdem wie sehr diese vorgibt, einem Zweck zu dienen und sich also der profanen *Welt der Arbeit* unterzuordnen, oder im Gegenteil ihre Autonomie betont und ihr Material aus den außerhalb ihrer selbst liegenden Zwecken befreit. Aus Batailles eigener literarischer Betätigung erklärt sich, dass sein Hauptinteresse dabei zunächst der Literatur gilt. Am Beispiel der Poesie veranschaulicht er jedoch den Exzess- bzw. Opfercharakter der Kunst im Allgemeinen:

> Wenn Wörter wie Pferd oder Butter in ein Gedicht hineingeraten, dann heißt das, daß sie losgelöst von interessierten Bestrebungen sind. Ebensooft wie diese Wörter: Butter, Pferd für praktische Zwecke verwandt werden, befreit der Gebrauch, den die Poesie von ihnen macht, das Menschenleben von diesen Zwecken. [...] Auf diese Weise versetzt sie vor das Unerkennbare. Sicher, kaum habe ich die Wörter ausgesprochen, stellen sich die vertrauten Bilder von Pferde- und Butterformen ein, doch sie werden nur bemüht um zu sterben. Und darin ist die Poesie Opfer [...].¹⁴⁴

Die Poesie stellt für Bataille eine Opferung der Wörter, der Sprache überhaupt dar; in der Loslösung der Wörter aus den pragmatischen, zweckmäßigen Beziehungen zu realen Objekten ist sie auch eine Befreiung vom Primat des Diskursiven. In der Poesie „stirbt" das diskursive, rationale Element der Sprache und das *Unbekannte* in den Dingen, „das Herzstück der Poesie" tritt zu Tage¹⁴⁵. Somit steht die Poesie außerhalb der *Welt der Arbeit*. Sie führt im genauen Gegensatz zur wissenschaftlichen Rationalität vom Bekannten zum Unbekannten, indem sie die Zwecklogik der profanen *Welt der Arbeit* aufhebt und die Dinge in ihrer rein sinnlich erfahrbaren Materialität erscheinen lässt¹⁴⁶. Auf diese Weise offenbart sich, was Bataille das Geheimnis der Poesie nennt:

---

[143] Vgl. HEINRICHS, S. 68.
[144] BATAILLE: *Die innere Erfahrung*, S. 189f.
[145] Vgl. HEINRICHS, S. 72.
[146] Es gehört zu den vielen Subversionen klassischer Deutungsmuster bei Bataille, dass ihm die Materie gerade in ihren „niedrigsten" Formen als mystischer und göttlicher erscheint als der Gott der christlich-idealistischen Denktradition. Vgl. BATAILLE: *Le bas matérialisme et la gnose*, S. 222-225 und LAND, S. 123f.

> Die Poesie ist nichts als eine wiedergutmachende Verwüstung. Sie gibt der nagenden Zeit zurück, was ein eitler Stumpfsinn ihr entreißt, vertreibt den falschen Schein einer ordentlichen Welt.[147]

In der zerstörerischen Qualität der Poesie zeigt sich für Bataille eine inhärente „Komplizenschaft mit dem Bösen, jenseits jeder Moral", selbst dann, wenn sie dies zu verneinen scheint, oder ein Autor es zu vermeiden versucht[148]. Bataille betont, dass in ihr wie in allen Formen des Opfers und der Verschwendung gerade kein Element des Aufschubs enthalten ist, wie es die Zwecksetzungen der *Welt der Arbeit* verlangen:

> [W]ährend im Projekt allein das Resultat zählt, ist es der Akt selber, der im Opfer den Wert auf sich konzentriert. Nichts wird im Opfer auf später verschoben, es hat die Macht in dem Augenblick, in dem es stattfindet[149].

Folglich ist das Zeiterleben in den Momenten des Exzesses ein anderes, unmittelbareres, als in der von der Akkumulation von Gütern und Energieressourcen bestimmten Welt der Arbeit. Bataille zeigt diese Dimension der besonderen Zeitwahrnehmung am Beispiel von Prousts literarischen Versuchen auf, durch non-intentionale Erinnerungsblitze „ein Stück Zeit im Reinzustand" zu fassen zu bekommen[150].

Indem die Poesie Opfer ist und die allesvernichtende Arbeit der Zeit sichtbar werden lässt, kann sie genau wie die Opferzeremonie zwar selbst nicht die *innere Erfahrung* sein, aber sie kann sie bezeugen und im Idealfall kommunizieren[151].

Was Bataille vor allem anhand der Poesie erläutert, gilt im Prinzip ganz allgemein von der Kunst in all ihren medialen Formen. Kunst ist insofern ihrem Wesen nach zum Objekt der Ekstase prädestiniert, als sie Bataille zufolge immer die Auflösung einer Ordnung, die entropische Qualität der Zeit offenbart:

> Die Kunst schafft eine Welt nach dem Bilde des Menschen des Projekts [= der Welt der Arbeit, d. A.], indem sie dieses Bild in all seinen Formen zurückstrahlt. Gleichwohl ist die Kunst weniger die Harmonie als der Übergang (oder die

---

[147] BATAILLE: *Die innere Erfahrung*, S. 206.
[148] HEINRICHS, S. 8.
[149] BATAILLE: *Die innere Erfahrung*, S. 191.
[150] Ebd., S. 196.
[151] Vgl. ebd., S. 74.

Rückkehr) der Harmonie zur Disharmonie (in ihrer Geschichte wie in jedem Werk).[152]

Es gibt also eine ganze Reihe von Anknüpfungspunkten in Batailles Theoretisierungen der Selbstüberschreitung, die eine Übertragung seiner Konzepte auf filmische Phänomene erlauben. Dies sind zum Einen die Betonung des Dramatischen und der visuellen Dimension der Ekstase, zum Anderen das Prozesshafte und die besondere Zeitwahrnehmung dieser inneren Erfahrung.
Hinzu kommt die von Bataille der Kunst im Allgemeinen zugesprochene Auflösung des Diskursiven, die *souveräne* „Verschwendung" der Worte in der Poesie oder verallgemeinert des Materials in der Kunst, die potentiell eine sinnliche Erfahrung jenseits der Rationalität ermöglicht, einen Zustand der Kommunikation mit dem *Unbekannten*. Sowohl die dramatisierte Präsentation von Individuen in Zuständen der Selbstauflösung auf Inhaltsebene, als auch auf formaler Ebene eine Verausgabung ästhetischer Mittel, die eine rationale Motivation überschreitet, sind Charakteristika, die sich in variierter Form durch Żuławskis Filme ziehen.
Dabei vermag die filmische Darstellung jedoch gerade nicht nur eine Außensicht der Selbstüberschreitung zu präsentieren. Einigen Filmtheoretikern zufolge gibt es eine medienspezifische Parallelität von filmischer Repräsentation mit Bewusstseinsvorgängen. Daher können Żuławskis Filme auch zu Batailles innerer Bühne in Beziehung gesetzt werden, auf der sich die *innere Erfahrung*, gewissermaßen als Innenansicht der Selbstüberschreitung vollzieht.
Eine derartige Verwandtschaft von Film und Bewusstsein hatte bereits der Philosoph und Psychologe Hugo Münsterberg in seiner schon 1916 veröffentlichten Studie zum Wesen des Films *The Photoplay* behauptet. In einer weitaus komplexeren Form bildet diese Idee einen zentralen Gedanken im Werk eines anderen Philosophen über den Film: Mit Gilles Deleuze' zweibändiger „Taxonomie [...] der Bilder und Zeichen"[153] des Kinos lassen sich meines Erachtens produktive Verknüpfungen zwischen Batailles Konzepten der Selbstüberschreitung und filmimmanenten Phänomenen herstellen.

---

[152] Ebd., S. 83.
[153] GILLES DELEUZE: *Das Bewegungs-Bild. Kino 1*. Frankfurt a. M. 1989, S. 11.

2. Formen der Selbstüberschreitung in der Filmtheorie
a) Das Triebbild bei Deleuze

Im gleichen Maße, wie die Ekstase eine innere Erfahrung und somit etwas Subjektives und Geistiges ist, findet sie zugleich ihre physische Veräußerung in den trance-typischen Bewegungen des Körpers, in den konvulsivischen Spasmen, im wilden Tanz, im hektischen Atem und im Gelächter. Dieser Doppelcharakter der Ekstase als geistiges Erlebnis und körperliche Bewegung, prädestiniert sie fast schon für eine Darstellung im Medium Film. Denn dem Film ist Deleuze zufolge ein „*halbsubjektiver*" Charakter zu eigen, der ganz besonders in der *freien Kamerabewegung* hervortritt, in der die Kamera weder ganz mit der Figur verschmilzt noch ganz außerhalb von ihr ist[154].
Żuławskis Filme sind voll von Beispielen für die idiosynkratischen Körper-bewegungen der Trance; es ist geradezu der dominante Bewegungsmodus seiner Figuren zu springen, zu tanzen, sich zu winden oder von teils epileptisch anmutenden Spasmen geschüttelt zu werden.
Innerhalb der von Deleuze unterschiedenen Bildtypen des Bewegungsbildes haben diese Körper-bewegungen der Ekstase ihre Entsprechung im *Triebbild*, das in seiner Theorie eine autonome Zwischenstufe zwischen Affektbild und Aktionsbild darstellt[155].
Im Triebbild gehen die Bewegungen der Figuren aus ihren Affekten hervor, sie sind gewissermaßen deren Fortsetzung im Körper. Dessen Bewegung aktualisiert sich aber nicht in zielgerichteten, planvollen Handlungen, wie dies im Aktionsbild der Fall ist. Mit Bataille könnte man sagen, die Bewegung wird im Triebbild *verschwendet*, ist reine Verausgabung und ein Ausdruck der hervorbrechenden triebhaften *Gewaltsamkeit*, die im Menschen wirkt. Auch Deleuze spricht explizit vom *Todestrieb*, der alles im Triebbild beherrscht[156].

---

[154] DELEUZE: *Das Bewegungs-Bild*, S. 104f. Der Grad, in dem diese subjektiv-objektive Doppeltheit des Films offenbar wird, hängt dabei natürlich vom jeweiligen Stil, vor allem vom Umgang mit der Kamera und ihren Perspektiven ab. Deleuze nennt Pasolini als Hauptbeispiel.
[155] Im Folgenden beziehe ich mich hauptsächlich auf das achte Kapitel *Vom Affekt zur Aktion: Das Triebbild* des ersten Bandes von Deleuze' Untersuchung des Kinos. (DELEUZE: *Das Bewegungs-Bild.*, S. 171-192.)
[156] Vgl. ebd., S. 172.

So verwundert es auch nicht, dass Deleuze sogenannte *Ursprungswelten* als die spezifischen filmischen Räume ausmacht, in denen sich die elementaren Triebe entfalten[157]. Eine solche *Ursprungswelt* ist ein Raum, in dem archaische Energien freien Lauf haben, die Materie als noch roh und unförmig erscheint und die tierische Natur des Menschen zum Vorschein kommt:

> Sie [die Ursprungswelt, d. A.] ist an ihrer Formlosigkeit zu erkennen: sie ist durch und durch Grund oder vielmehr Grundlosigkeit aus ungestalter Materie, Vorläufigem oder Stückwerk, das von formlosen Funktionen, Akten oder Energien durchzogen wird, die nicht einmal auf konstituierte Subjekte verweisen. Personen sind darin wie Tiere, der Salonmensch ein Raubvogel, der Liebhaber ein Bock, der Arme eine Hyäne. Nicht daß sie so aussähen oder sich so verhielten, aber ihre Handlungen sind vor jeder Differenzierung zwischen Mensch und Tier. Es sind menschliche Bestien. Und der Trieb ist nichts anderes: er ist die Energie, die sich in einer ursprünglichen Welt der Materiebrocken bemächtigt.[158]

In der Ursprungswelt bricht sich also Batailles urtümliche *Gewaltsamkeit* Bahn und löst die Subjekte dabei teilweise auf. Sie ist wie ein Sumpf, da in ihr die Materie als ungeformte Masse erscheint und somit repräsentiert sie *„zugleich Uranfang und absolutes Ende"*[159]. Deshalb drückt sie sich sowohl in Futurismus als auch in Archaismus aus[160]. Beide Darstellungsmodi, das Archaische und das Futuristische, finden sich in geradezu idealtypischer Weise verschränkt in den Urlandschaften von Żuławskis Science-Fiction-Epos NA SREBRNYM GLOBIE.

Obwohl Deleuze erklärt, in gewisser Hinsicht sei die Ursprungswelt vom radikal Bösen beherrscht, schreibt er ihr eine besondere positive Qualität zu. Im Triebbild trete nämlich die Zeit extrem in den Vordergrund[161], indem der allesvernichtende *Todestrieb* in der Ursprungswelt „ein ursprüngliches Bild der Zeit" offenbare, mit anderen Worten: „Chronos in seiner ganzen Grausamkeit"[162]. Diese Zeit des Triebbildes ist eine Zeit des Verfalls. Anhand der drei Filmemacher, die Deleuze als Paradebeispiele des Triebbilds anführt, differenziert er

---

[157] Vgl. ebd., S. 171.
[158] Ebd., S. 172.
[159] Ebd.
[160] Vgl. ebd., S. 192.
[161] Vgl. ebd., S. 175.
[162] Ebd., S. 172.

noch einmal zwischen der *entropischen Zeit* bei Stroheim, der *zyklischen Zeit der Wiederholung* bei Buñuel und der *Rückwendung gegen sich selbst* bei Losey[163]. Da im Triebbild jedoch immer der Verfall und damit der zersetzende Aspekt der Zeit im Vordergrund steht, spreche ich der Einfachheit halber in Bezug auf das *Triebbild* bei Żuławski allgemein von *entropischer Zeit*.
Dieses archaische Bild der Zeit als einer fortschreitenden Auflösung, ist der Vorstellung Batailles von *reiner* bzw. *ekstatischer* Zeit sehr eng verwandt[164].
Für Deleuze aber ist diese Form der Zeitwahrnehmung noch nicht die seiner Konzeption nach erst im Zeitbild freigesetzte *reine Zeit*, obwohl sie dieser innerhalb der Parameter des Bewegungsbildes sehr nahe kommt. Die entropische Zeit bleibt jedoch in Abhängigkeit des Triebes, also eines Bewegungsimpulses, und ist somit noch der Bewegung untergeordnet[165]. Es gibt in Żuławskis Filmen zwar durchaus Einbrüche des Deleuze'schen Zeitbildes, der dominante Modus seiner Filme und zugleich genuine *Ausdruck der Selbstüberschreitung* ist jedoch das Triebbild[166].
Die räumliche Sphäre des Triebbilds ist mit der Ursprungswelt nur zur Hälfte erfasst, da diese ihre zersetzende Kraft Deleuze zufolge immer in einem „abgeleiteten Milieu" offenbart, von dem sie jedoch nicht getrennt ist, sondern das sie fortwährend durchdringt und letztlich in sich auflöst[167].

> Unaufhörlich treten die Milieus aus der Ursprungswelt hervor und kehren dorthin zurück; und kaum sind sie wie rohe, doch schon dem Untergang geweihte, zerfließende Formen hervorgetreten, kehren sie um so endgültiger dorthin zurück.[168]

---

[163] Vgl. ebd., S. 189.
[164] Vgl. BATAILLE: *Die innere Erfahrung*, S. 198f und HEINRICHS, S. 131.
[165] Vgl. DELEUZE: *Das Bewegungs-Bild*, S. 176.
[166] Deleuze weist ausdrücklich darauf hin, dass jeder Film aus verschiedenen Bildtypen zusammengesetzt sei (Vgl. DELEUZE: *Das Bewegungs-Bild*, S. 102) und es auch Mischformen oder Überschreitungen zwischen den beiden Ordnungen des Bewegungs- und des Zeitbildes geben kann (Vgl. DELEUZE: *Das Zeit-Bild*, S. 169f.). Er benennt jedoch auch ganze Filme nach dem jeweiligen Bildtyp, der in ihnen vorherrschend ist und sich die anderen Bildtypen unterordnet. In diesem Sinne *sind* Żuławskis Filme *Triebbilder*, auch wenn sie sich zum Teil aus anderen Typen des Bewegungsbildes oder sogar des Zeitbildes zusammensetzen.
[167] Vgl. DELEUZE: *Das Bewegungs-Bild*, S. 173.
[168] Ebd., S. 174f.

Deleuze identifiziert dieses Ausbrechen der Triebe einer Ursprungswelt in einem klar definierten Milieu als das Prinzip von Émile Zolas Naturalismus. Deleuze verwendet diesen Begriff jedoch in einem erweiterten Sinne. Für ihn schließt der Naturalismus die Darstellung übernatürlicher und surrealer Phänomene keinesfalls aus, er ist für ihn eine Form des übersteigerten Realismus „indem er ihn zu einem eigentümlichen Surrealismus weitertreibt"[169].

Daraus erklärt sich auch, warum Deleuze neben Erich von Stroheim auch Luis Buñuel als einen der zwei großen Filmschöpfer des *Naturalismus* bezeichnet und außerdem einige Horrorfilme, wie die von Mario Bava und Terence Fisher dem Triebbild zurechnet[170]. Der Naturalismus offenbart in Deleuze' Interpretation die Gegenwart einer *Ursprungswelt der Triebe* in einem sozialen Milieu, das immer nur scheinbar und unvollständig von dieser abgetrennt ist und von den Trieben zersetzt wird.

> Und die Ursprungswelt kommuniziert von oben nach unten, diesmal auf vertikalen Falllinien oder von außen nach innen mit den abgeleiteten Milieus; sie ist zugleich Beutemacher und Parasit, der den Verfall beschleunigt.[171]

Der Verfall folgt also im Triebbild sowohl zeitlich als auch räumlich gesehen „dem Gesetz der schiefen Ebene"[172]. In den Filmen von Joseph Losey manifestiert sich dies in der auffälligen Präsenz von Treppen[173], die man auch bei Żuławski findet, speziell in seinem ersten Film TRCECIA CZECZ NOCY und später in POSSESSION. Somit fallen die rationalen und zweckhaften Verbindungen im Verhalten der Figuren, aber auch in den Gegenständen des Triebbilds weg und stattdessen treten disparate, formlose Brocken ungestalter Materie treten:

> Die Brocken werden aus den Gegenständen, die wirklich in diesem Milieu gestaltet worden sind, *herausgerissen*. Man könnte sagen, dass die Ursprungswelt nur dann hervortritt, wenn man die unsichtbaren Linien – welche die Wirklichkeit zerschneiden und das Verhalten und die Objekte zerlegen – nachzeichnet, verbreitert und verlängert. Die Handlungen übersteigern sich zu Urakten, aus denen sie nicht bestehen, die Gegenstände zu Stücken, aus denen

---

[169] Ebd., S. 172.
[170] Vgl. ebd., S. 174, 178.
[171] Ebd., S. 192.
[172] Ebd., S. 172.
[173] Vgl. ebd., S. 188.

sie sich nicht zusammensetzen, die Personen zu Energien, aus denen sie sich nicht „organisieren".[174]

Darin ist eine deutliche Parallele zu Batailles Gedanken erkennbar, dass die *Zerstörung der sinnstiftenden Verbindungen* einer Logik der Zwecke eine dahinter zu Tage tretende unförmige, „niedere" Materialität offenbart. Allerdings ist für Bataille der rein triebgesteuerte Mensch absolut nicht *souverän*, denn er regrediert unbewusst zum Tier und macht somit eben keine *innere Erfahrung der Selbstüberschreitung*, erlebt keine *Ekstase!*
Diese ist jenen vorbehalten, die die Grenzüberschreitung zur archaischen Welt des Todestriebs bewusst betreibt, sie organisiert und *ritualisiert* wie eben ein Schamane. Dieser setzt sich zwar eine Tiermaske auf, fällt aber gerade nicht auf die Bewusstseinstufe eines Tiers zurück. Im Gegenteil: dadurch, dass der Schamane den Triebausbruch in einem magisch-religiösen Ritual inszeniert schafft er die Voraussetzung für eine als höhere Stufe des Bewusstseins erlebte Entgrenzungserfahrung, eine mystische Ekstase.
In Deleuze' Beschreibung des filmischen *Triebbilds* und seiner Auteurs wird eine solche Form der bewusst gelenkten Überschreitung hin zum Ursprünglichen und Triebhaften zwar nicht erörtert, in den Filmen Żuławskis findet man sie jedoch zuhauf: von den wie Theaterstücke inszenierten Orgien in DIABEL über die religiösen Rituale der Bewohner des SILBERNEN PLANETEN, die unzähligen Tänze und Performances in seinen Filmen bis hin zu den makaberen Verhaltensweisen von SZAMANKA, der Schamanin.
Die fortschreitende Zersetzung der Figuren als Opfer ihrer Triebe folgt im Triebbild dem gleichen Schema wie der schicksalshafte Niedergang der Helden in der antiken Tragödie. Sowohl für Nietzsche, als auch für Bataille ist dies das Urschema der Dramatisierung eines Selbstverlusts und erzeugt daher die Möglichkeit einer ekstatischen *Erfahrung der Selbstüberschreitung*. Die voranschreitende physische und psychische Korrosion der Individuen, aber auch der Gesellschaft im Ganzen ist bei Deleuze dem „Naturalismus" inhärent und findet seinen Ausdruck in zwei charakteristischen Zeichen des Triebbilds:

> Die Symptome und die Idole oder Fetische. Die Symptome sind die Präsenz der Triebe in der abgeleiteten Welt [dem Milieu], und die Idole oder Fetische

---

[174] Ebd., S. 173.

sind die Darstellungen der ungestalten Materie. Es ist die Welt Kains, und es sind Kainszeichen.[175]

Deleuze' *Symptome* sind die jeweiligen Ausprägungen der Triebe und die daraus hervorgehenden konkreten Verhaltensweisen der Filmcharaktere. Deleuze erläutert in diesem Zusammenhang, dass dies zum einerseits ganz basale Triebe wie Hunger oder der „einfache" Sexualtrieb sind. Andererseits können sich die Triebe aber in den verschiedenen Milieus zu äußerst komplexen Perversionen entfalten wie z.B. Kannibalismus, Sadomasochismus und Nekrophilie. Dies ist häufig bei Buñuel der Fall, der sich laut Deleuze mit Vorliebe „den im eigentlichen Sinne spirituellen Trieben und Perversionen" widmet[176].

Die *Fetische*[177] bei Deleuze sind Triebobjekte und als solche *Partialobjekte*, etwa ein „Stück, das zugleich zur Ursprungswelt gehört und aus dem Realobjekt herausgerissen wird [...], ein rohes Stück Fleisch, Abfall, ein Damenslip oder Schuh"[178]. Deleuze spricht hier dem Trieb eine inhärente Kraft des Zerreißens, der Zerstückelung und Fragmentierung zu, die er selbst mehrfach mit dem Todestrieb und der Entropie gleichsetzt. Der Trieb wütet innerhalb eines bestimmten Milieus bis zur Erschöpfung: er gibt sich nicht zufrieden, solange es noch etwas Ganzes und Unversehrtes gibt.

Dabei geht gerade vom Zerstückelten, dem fetischisierten Partialobjekt, eine unheimliche Anziehungskraft aus. Dieser Fetisch kann auch die Gestalt einer Person annehmen. Deleuze gibt als Beispiel den Vampir, da dieser den Tod verkörpert, er zugleich aber auch eine erotische Anziehungskraft besitzt und sein Blutdurst nie gestillt werden kann. Er ist ein verkrüppelter, untoter Mensch, der auf andere, noch intakte Menschen gleichermaßen furchterregend wie

---

[175] Ebd., S. 173-174.
[176] Ebd., S. 177.
[177] Das Wort Idol ist im französischen Original in der Bedeutung von *Götze* verwendet, die jedoch auch vom Wort Fetisch mit abgedeckt wird, das zugleich auch noch eine explizit sexuelle Konnotation hat. In seiner Verschränkung von religiöser und sexueller Bedeutung scheint mir der Begriff *Fetisch* sehr treffend eine Parallele zu Batailles Denken zu verdeutlichen.
[178] Ebd., S. 177.

auch erotisch wirkt und sie schließlich mit dem Trieb infiziert und ebenfalls verkrüppelt[179]. Die ursprüngliche, amorphe Materie, die jeder Fetisch letztlich repräsentiert, kann sich in zwei Typen von Charakteren verkörpern, dem *Krüppel* und dem *Monster*, von denen der *Vampir* eine Mischform darstellt:

> Was dem *Krüppel* oder dem *Monster* im Naturalismus eine solche Präsenz verleiht, ist die Tatsache, dass er deformiertes Objekt ist, dessen sich die Triebhandlung bemächtigt, und zugleich unförmige Vorform dessen, was dieser Handlung als Subjekt dient.[180]

In nahezu jedem von Żuławskis Filmen begegnen dem Zuschauer derartige personifizierte Fetische, so etwa das *Monster* in POSSESSION, die Scherne (vogelähnliche Wesen eines anderen Planeten) in NA SREBRNYM GLOBIE und die Mumie eines Schamanen in SZAMANKA. Wie ich noch ausführlicher erläutern werde, werden diese personifizierten Fetische für die Protagonisten bei Żuławski häufig zu *Objekten der Ekstase* im Sinne Batailles, denn sie verkörpern sowohl die archaische *Gewaltsamkeit*, als auch das *Unbekannte*, das zugleich verlockend und furchteinflößend ist.

Eine solche Begegnung mit dem *Unbekannten* ist in allen hier diskutierten religiösen Systemen und Theorien Grundvoraussetzung für eine Erfahrung der Ekstase. Das Unbekannte tritt bei den Schamanen und Mystikern als Geisterwelt, Gott oder das Göttlich auf, in Nietzsches *Geburt der Tragödie* ist es das Ur-Eine und Bataille spricht von der unergründlichen *Kontinuität des Seins*. Zum Einen drückt sich das Unbekannte in den personifizierten Fetischen des Triebbildes aus, den Monstern, Krüppeln und Mischwesen aus. Zum Anderen drücken einige Szenen in Żuławskis Filmen die Begegnung mit dem Unbekannten in Einstellungen aus, deren zeitliche und räumliche Verortung unmöglich und deren Realitätscharakter uneindeutig ist. Diese vereinzelten Szenen stoßen in den Bereich dessen vor, was in Deleuze' Filmtheorie das *Zeitbild* ausmacht: grundsätzliche Unentscheidbarkeit zwischen Objektivem und Subjektivem, Realem und Imaginären und zwischen Vergangenheit und Gegenwart[181]. Charakteristisch für das Zeitbild sind nach Deleuze „rein optische und akustische Situationen", in denen die sinnlich erfahrbare Dimension der Dinge

---

[179] Vgl. ebd., S. 178f.
[180] Ebd., S. 178. Meine Hervorhebungen.
[181] Vgl. DELEUZE: *Das Zeit-Bild*, S. 19.

in den Vordergrund tritt, während die „sensomotorischen Zusammenhänge", die im Bewegungsbild die Handlung vorantreiben, ganz oder nahezu verschwinden[182].

Dieses *Hervortreten der sinnlichen Materialität* der Dinge ist in anderer Form bereits im Triebbild zu sehen, allerdings hier noch an eine vom Trieb hervorgerufene *Bewegung* des Zerfalls und der Auflösung gebunden. Genau dieses Hervortreten der Materialität ist für Bataille ein konstitutives Merkmal von Kunst überhaupt. In der Kunst wird ihr jeweiliges Material verschwendet, bzw. rituell *geopfert* und ist somit keinem außerhalb ihrer selbst liegenden Zweck mehr unterworfen. Dies wird in narrativen Kunstwerken, wie Literatur oder Film dann am deutlichsten, wenn das Material – die Wörter, die Farben, die Bilder, die Töne etc. – von ihrer diskursiven, *narrativen* Funktion teilweise oder gänzlich befreit werden und ihre sinnliche Präsenz die semantische Funktion weit überlagert[183].

Bezieht man dies konkret auf das Medium Film, dann entspricht dem von Bataille beschriebenen Exzess der Wörter in der Poesie ein *Exzess der filmischen Mittel*. Ein solcher Exzess ist aber natürlich nicht allein auf das Deleuze'sche Triebbild oder die optischen und akustischen Situationen seines Zeitbilds beschränkt, sondern kann in allen Bildtypen stattfinden. Gerade im sogenannten *Aktionsbild* (z.B. Actionfilm, Western, Thriller etc.) gibt es häufig Exzesse der Darstellungsmittel wie Explosionen in Zeitlupe oder rasante Schnitte. Um dieses allgemeine Phänomen der *Verausgabung der filmischen Mittel* zu erfassen, lohnt es sich für die Betrachtung von Żuławskis Filmen noch eine weitere filmtheoretische Perspektive einzubringen: Kristin Thompsons neoformalistisches Essay *The Concept of Cinematic Excess*.

---

[182] Vgl. ebd., S. 14.
[183] Martine Beugnet postuliert in Bezugnahme auf Deleuze ein „cinema of sensation", das sie vor allem im zeitgenössischen französischen Kino ausmacht und wie folgt definiert: „The cinema of sensation is an approach to filmmaking (and, by extension, to the analysis of film) that gives precedence to the corporeal, *material dimension* of the medium." MARTINE BEUGNET: *Cinema and Sensation. French Film Art and Transgression*. Edinburgh 2007, S. 32.

b) Der filmische Exzess bei Kristin Thompson

In der neoformalistischen Filmtheorie liegt der Schwerpunkt einer Filmanalyse häufig darauf, die *Funktion* einer bestimmten Szene oder eines formalen Darstellungsmittels für das narrativ-semiotische Konstrukt des Gesamtfilms zu untersuchen. Eine solche Herangehensweise setzt dabei unweigerlich implizit ein ästhetisches Prinzip der Funktionalität voraus, wie es in der oft zitierten Formel *form follows function* des Bildhauers meist Horatio Greenough auf den Punkt gebracht wird.

Einer solchen ästhetischen Norm scheint im Übrigen unausgesprochen auch ein Großteil der etablierten Filmkritiker anzuhängen, liest man doch häufig die polemisch gemeinte Feststellung, ein Film stelle *style over substance*, aber mir ist noch keine Filmkritik untergekommen, in der jemals umgekehrt bemängelt wurde, ein Film kranke an zu viel *substance over style*.

Daran lässt sich eine ähnliche Ausgrenzung des Nicht-Funktionalen, über „Nützlichkeit" hinausgehenden, wie sie Bataille in Bezug auf die überflüssigen Produktionsmittel in seinem zentralen Werk *Der verfemte Teil* festgestellt hat. Selbst innerhalb der Kunst, die ihrem Wesen nach unnütz und überflüssig im besten Sinne ist (zumindest in der Sichtweise Batailles) gibt es demnach ästhetische Normen, die Funktionalität verlangen und dem „Sinn", der „Substanz" den Vorrang gegenüber der „Form", oder dem „Material" des Kunstwerks geben.

Kristin Thompson, neben ihrem Mann David Bordwell, eine der Hauptvertreterinnen der neoformalistischen Filmtheorie widmet sich in ihrem Aufsatz *The Concept of Cinematic Excess* von 1986 nun genau jenen Elementen des Films, die sich einem funktionsanalytischen Zugriff entziehen, weil sie gerade nicht zur Narration beitragen, über diese hinausgehen oder sogar störend wirken können. Sie schreibt:

> Films can be seen as a struggle of opposing forces. Some of these forces strive to unify the work, to hold it together sufficiently that we may perceive and follow its structures. Outside any such structures lie those aspects of the work which are not contained by it's unifying forces – the „excess".[184]

---

[184] KRISTIN THOMPSON: *The Concept of Cinematic Excess*. In: PHILIP ROSEN (Hg.): *Narrative, Apparatus, Ideology. A Film Theory Reader*. New York, Guildford 1986, S. 130.

Ausgehend von vorangegangenen Arbeiten von Roland Barthes und Stephen Heath zum Phänomen des materiellen Exzesses im photographischen Bild und im Film, thematisiert Thompson den filmischen Exzess, der dem Film grundsätzlich zu eigen ist, aber durch formale Strategien entweder kaschiert oder explizit sichtbar gemacht werden kann. Zunächst gibt es also in jedem Filmbild einen inhärenten Überschuss an Materialität, der nicht auf eine narrative oder semiotische Funktion reduzierbar ist und demnach über den Informationsgehalt des Bildes hinausgeht[185].

Thompson nennt dafür als Beispiele die konkrete Beschaffenheit eines menschlichen Gesichts, aber auch Gegenstände, deren narrative Funktion sich in einer bestimmten Eigenschaft, etwa ihrer Farbe, erschöpft. Ihre sonstige Beschaffenheit, in diesem Fall etwa ihre Form, ist dabei jedoch für die Handlung oder den „Sinn" des Films ganz egal, es ist in diesem Kontext *überflüssige* Information. Alle Eigenschaften des Filmbildes, die auf die Gemachtheit eines Films und damit die Materialität des Mediums hinweisen, etwa Unschärfe oder Körnigkeit des Bildes oder wahrnehmbare Schnitte und Kamerabewegungen gehören ebenfalls in diesen Bereich des *filmischen Exzesses*. Analog gilt das auch für alle Hintergrundgeräusche auf der Tonspur ohne spezifische Bedeutung für die Erzählung des Films. Der filmische Exzess umfasst also kurz gesagt alle Sinnesdaten des Films, die nicht unmittelbar zur Bedeutungserzeugung beitragen:

> [T]hese elements of the work are precisely those which do not participate in the creation of narrative or symbolic meaning.[186]

Dieser Exzess wird jedoch im dominant narrativen Kino so gut wie immer kaschiert, und zwar, indem die für Handlung (und ggf. Symbolik) beliebigen Elemente des Filmbilds nicht als Überschuss, sondern als „motiviert" erscheinen[187]. Das heißt, sie werden für den Fluss der Erzählung nicht als hinderlich

---

[185] Thompson zweifelt dabei Barthes' These an, der Exzess affiziere in keiner Weise die Bedeutung eines Bildes (THOMPSON, S. 132), weist aber auch Heath' psychoanalytisch geprägte These zurück, die materielle Dimension des Films sei dem Unbewussten vergleichbar und untergrabe daher in subversiver Weise die Bedeutungsstrukturen eines Films (S. 131).
[186] Ebd., S. 131.
[187] Vgl. ebd., S. 134.

oder ablenkend empfunden. Das klassische Hollywood-Kino hat es in der Kaschierung des filmischen Exzesses zur Meisterschaft gebracht[188]. Das berühmte *continuity editing* stellt z.b. eine Strategie dar, den Schnitt unsichtbar zu machen und so die materielle Gemachtheit des Films zu kaschieren. Die Bewegungen der Kamera sind im klassischen Erzählkino an die Bewegungen der Figuren gebunden und wirken daher durch diese *motiviert*, werden also nicht als eine vom Fortgang der Handlung unabhängige Größe wahrnehmbar. Gegenstände und Kleidung erscheinen in klassisch narrativen Filmen immer als durch das Umfeld oder die soziale Stellung motiviert und lenken nur dann die Aufmerksamkeit auf sich, wenn sie eine narrative oder symbolische Funktion annehmen.

Anders gesagt: in einem klassischen Hollywoodfilm oder überhaupt einem klassisch erzählten Film trägt eine Frau nur dann einen auffälligen roten Hut, wenn das a) für die Handlung wichtig ist (z.B. als Erkennungszeichen für eine andere Figur) oder b) Teil eines klaren symbolischen Codes ist (z.B. wenn die Farbe Rot im gesamten Film immer mit Liebe assoziiert auftaucht und der rote Hut in der Szene unterstreicht, dass die Frau sich verliebt hat).

Demgegenüber gibt es aber auch Filme, in denen in einzelnen Szenen oder sogar durchgängig der inhärente filmische Exzess *explizit* wahrnehmbar wird, entweder weil die Motivation unfreiwillig versagt, oder aber weil der filmische Exzess geradezu systematisch explizit gemacht und bewusst ausgestellt wird. In Fellinis GIULIETTA DEGLI SPIRITI / JULIA UND DIE GEISTER tragen die Hauptfigur Giulietta und weitere Charakter z.B. exorbitante, ausladende Hüte und Kostüme, die definitiv über jede narrative oder symbolische Funktion hinausgehen. Thompson gibt mehrere Beispiele dafür, wie der filmische Exzess explizit werden kann und unterscheidet dabei vier Formen[189].

Erstens kann die *spezifische Beschaffenheit eines filmischen Elements* „unmotivierte" Aufmerksamkeit beanspruchen, etwa die Gestaltung eines Gegenstands (Beispiel: roter Hut), aber auch das Profil oder die Frisur eines Schauspielers. Außergewöhnliche Kostüme und pompöse Kulissen sind hierfür Pa-

---

[188] Vgl. ebd., S. 131.
[189] Für die im Folgenden kurz wiedergegebenen vier Formen des filmischen Exzesses vgl. ebd., S. 135f.

radebeispiele. Sie sind zwar meist motiviert, etwa durch die Epoche der Handlung im Historien- oder Science-Fiction-Film, gehen aber in ihrer Aufwendigkeit oft über die narrative Signifikanz hinaus.

Eine zweite Form des expliziten Exzesses macht Thompson in der *Dauer der Präsentation einer bestimmten Sache* aus. Das kann etwa eine Einstellung sein, die einen Gegenstand, eine Person oder einen Vorgang außergewöhnlich lange zeigt, ohne dass darin ein Mehrwert an Information liegt.

Eine dritte Variante des filmischen Exzesses ist die *Redundanz in der Ausgestaltung einer einzigen Motivation*. Damit meint Thompson die auf verschiedene Weise auffällig oft wiederholte Betonung ein und desselben Sachverhalts, so etwa wenn eine Handlung – ohne narrative Motivation dafür – aus mehreren Perspektiven gezeigt wird: „variations that add nothing except as perceptual material"[190].

Die übermäßige Wiederholung eines einzelnen konkreten Elements in einem Film ist nach Thompson die vierte Form expliziten filmischen Exzesses.

Sie kommt jedoch zu dem Schluss, dass im Gegensatz zu den von Gesetzen der Motivation und Kausalität bestimmten narrativen Funktionen der filmische Exzess letztlich *nicht Gegenstand einer systematischen Analyse* sein kann[191]. Denn er bezeichnet ja gerade die irreduzible und nicht systematisierbare materielle Seite des Films, die eben nur sinnlich erfahren, nicht aber rational erfasst werden kann. Der filmische Exzess ist zwar keinesfalls mit dem *Stil* eines Films gleichzusetzen, kann aber durch diesen sichtbar werden:

> Certainly a steady and exclusive diet of classical narrative cinema seems to accustom people to ignoring the material aspects of the artwork, since these are usually so thoroughly motivated as to be unobtrusive. But the minute a viewer begins to notice style for its own sake or watch works which do not provide such thorough motivation, excess comes forward and must affect narrative meaning.[192]

Thompson räumt durchaus ein, dass die Wahrnehmung des filmischen Exzesses letztlich immer eine *subjektive und relative Angelegenheit* ist und sich zum

---

[190] Ebd., S. 137.
[191] Vgl. ebd., S. 140.
[192] Ebd., S. 132.

Beispiel auch durch mehrfaches Anschauen eines Films verändern kann[193]. Man kann im Grunde auch jeden Film bewusst auf den darin inhärent enthaltenen filmischen Exzess anschauen[194]. Dennoch gibt es auf der stilistischen Ebene sicherlich große Unterschiede im Umgang mit dem Exzess, die auch im Sinne einer *Rezeptionssteuerung* fungieren.

So gibt es ein weites Spektrum an Filmen, die sich stilistisch zwischen den beiden Polen der Kaschierung des filmischen Exzesses durch narrative Motivation einerseits und der ausgestellten Präsentation des filmischen Exzesses andererseits bewegen. In bestimmten Genres, wie etwa dem Actionfilm, dem Musical oder dem Horrorfilm wird beispielsweise oft weniger Wert auf die Handlung gelegt, als auf die visuelle und akustische Ausgestaltung. Ebenso gibt es auch bestimmte „Autorenfilmer", die den filmischen Exzess in ihren Werken in den Vordergrund stellen, wie der bereits erwähnte Fellini. Dies kann auf mannigfache Weise und in sehr unterschiedlichen Kontexten geschehen[195]. So können lange statische Einstellungen von Landschaften in Thompsons Sinne genauso gut ein Fall filmischen Exzesses sein, wie hektisch geschnittene Actionszenen oder das ausladende Dekor eines Kostümfilms.

Der filmische Exzess muss also nicht notwendiger Weise mit dionysischen Exzessen im Sinne Nietzsches und Batailles auf der Handlungsebene einhergehen. Umgekehrt können derartige Exzesse der Filmcharaktere jedoch Anlass zu Stilformen geben, die eine narrative Informationsvermittlung zurückstellen um die *irreduzible Sinnlichkeit des Films* in den Vordergrund zu rücken. Dabei

---

[193] Vgl. ebd., S. 133, 135.
[194] Vgl. ebd., S. 132-133.
[195] Nicola Glaubitz hebt in Bezug auf Thompsons filmischen Exzess hervor, dass „medienexperimentelle Strategien der Überfrachtung des filmisch-visuellen Feldes mit Information" oft wie ein „Echo surrealistischer Verfahren" wirken, was auf Żuławskis Filme sicherlich ebenfalls zutrifft. NICOLA GLAUBITZ: *Medienexperimente nach den Avantgarden*. In: MICHAEL LOMMEL, ISABEL MAURER QUEIPO UND VOLKER ROLOFF (Hg.): *Surrealismus und Film. Von Fellini bis Lynch*. Bielefeld 2008. S. 19-35, S. 32.

kann der filmische Exzess mit ganz unterschiedlichen Elementen der Filmsprache zum Ausdruck gebracht werden[196]. In der Analyse der stilistischen Verfahren Żuławskis werde ich eingehend auf den *filmischen Exzess* in seinen Filmen zu sprechen kommen und aufzeigen, in welcher Weise er mit den innerdiegetischen Exzessen korrespondiert.

Ein solches Zusammentreffen von Formen des körperlichen und seelischen Exzesses der Figuren und auf formaler Ebene Momenten intensiver, rein sinnlicher Präsenz, frei von zweckhafter Handlungsmotivation und diskursiver Bedeutung, entspricht auch genau dem Konzept, das Bataille von der Poesie und der Kunst im Allgemeinen hat. So wie seiner Meinung nach in der Poesie die Wörter aus ihren zweckhaften Bindungen herausgelöst und „geopfert" werden, stellt Thompsons *filmischer Exzess* eine exzessive Verausgabung filmischer Mittel und ein Opfer der diskursiven bzw. semiotischen Funktion des Filmbilds zugunsten sinnlicher Wahrnehmung dar.

Eine ähnliche Herauslösung des Filmbilds aus den kausalen Verkettungen des klassischen Handlungsschemas postuliert Deleuze für die „rein optischen und akustischen Situationen"[197] im Zeitbild. Betrachtet man diese aus Thompsons Perspektive, stellen sie jedoch lediglich *einen* Typus des filmischen Exzesses dar, nämlich jenen, in dem die Figuren des Films selbst nicht mehr auf Situationen reagieren, sondern selbst zu nur noch Betrachtenden geworden sind.

Thompsons filmischer Exzess kann also in *jedem* der von Deleuze unterschiedenen Typen des Filmbilds vorkommen. Wie schon erläutert ist der dominante Modus von Żuławskis Filmen das *Triebbild*, dessen entropische Zeit des Verfalls auch viel eher dem entspricht, was Bataille als „reine Zeit" auffasst, als die von Deleuze als „reine Zeit" begriffene, achronologische und gleichzeitige Anwesenheit mehrerer Zeitebenen im Zeitbild[198].

---

[196] Fellinis Farbfilme, z. B. FELLINI – SATYRICON (Italien 1969) sind generell gute Beispiele dafür, wie innerdiegetische Exzesse mit exzessivem Dekor in der Mise-en-Scène einhergehen. In Antonionis ZABRISKIE POINT (USA 1970) findet der exzesshafte Akt der Sprengung einer Villa seinen adäquaten Ausdruck durch eine extreme Zeitlupe, die die Explosion als visuelles Spektakel inszeniert. Im gegenwärtigen Blockbusterkino finden sich zahlreiche Formen des exzessiven Schnitts, die ebenfalls häufig mit innerdiegetischen Exzessen der Gewalt einhergehen, etc.
[197] DELEUZE: *Das Zeit-Bild*, S. 14.
[198] Vgl. ebd., S. 172f.

Der Begriff des filmischen Exzesses ermöglicht es, die von Bataille der Kunst zugesprochene souveräne Verausgabung der Mittel und die Opferung und Auflösung des Diskursiven auch im Triebbild zu beobachten, statt auf Deleuze' Konzept der *optischen und akustischen Situationen* rekurrieren zu müssen und so in Widersprüche zu geraten.

Deleuze' Beschreibung des Triebbildes bietet zudem auch einige Anhaltspunkte, die es innerhalb des Bewegungsbildes als prädisponiert für den filmischen Exzess erscheinen lassen. Zum Einen wird im Triebbild nämlich die aus Affekten entstehende Bewegung selbst *vergeudet*, indem sie sich nämlich *nicht* in Aktionen fortsetzt und mit daraus folgenden Bewegungen weiterverkettet[199]. Zum Anderen kommt es im Triebbild zu einer Auflösung der Gegenstände zu Brocken roher, unförmiger Materie und zur Auflösung der Handlungen zu unverbundenen, archaischen Urakten.

Die Einheit des Films korrodiert gewissermaßen im *Triebbild* und die Materialität der Dinge tritt als *filmischer Exzess* hervor. Vor diesem Hintergrund macht es Sinn für eine Untersuchung von Żuławskis *Kino der Ekstase* die an sich sehr verschiedenen filmtheoretischen Zugänge von Deleuze und Thompson zu verknüpfen.

---

[199] Der Begriff Aktion bezieht sich hier auf Deleuze' Konzeption des Aktionsbildes und meint zielgerichtete, lösungsorientierte Handlungen, als Reaktion auf sich den Helden des Films darbietende Problemsituationen. Vgl. DELEUZE: *Das Bewegungs-Bild*, S. 194.

III. Formen der Selbstüberschreitung in den Filmen Żuławskis

1. Motive der Selbstüberschreitung in den Filmen Żuławskis

Der folgende erste Teil der Analyse ist der Versuch einer Inventarisierung von Motiven der Selbstüberschreitung in Żuławskis Filmen. Im Blickwinkel stehen also zunächst Formen der Ekstase und des Exzesses auf der diegetischen Ebene. Als Motive der Selbstüberschreitung interpretiere ich dabei alle in den Filmen wiederholt vorkommenden Motive, die entweder die im theoretischen Teil skizzierten Traditionen der religiösen Ekstase oder die von Nietzsche und Bataille erwähnten Formen von Selbstüberschreitung aufgreifen. Bei der Gruppierung der Motive zu thematischen Einheiten folge ich einer eigenen Typologie, die sich an Bataille orientiert. Dieser listet an verschiedenen Stellen seines Werkes Formen der Selbstüberschreitung auf, ohne dabei jedoch ein abschließendes oder systematisches Inventar aufzustellen[200].

Als Basisdefinition für Batailles Konzeption der Selbstüberschreitung kann ein exzesshafter Ausbruch der ursprünglichen *Gewaltsamkeit* angesehen werden, welcher eine *Kontinuität des Seins* offenbart und mit einer inneren Erfahrung ekstatischer Natur einhergeht. Daher widme ich mich erstens den bei Żuławski vorkommenden Formen physischer Gewalt und dem Tod als deren extremster Konsequenz.

Insofern Bataille aber das Streben nach einer *Kontinuität des Seins* zugleich auch mit der Erotik gleichsetzt, werfe ich zweitens einen Blick auf die Motive der Sexualität und der romantischen Liebe.

Da alle Selbstüberschreitungen letztlich auf die Erfahrung einer nicht mehr rational fassbaren Transzendenz – eines mystischen „großen Unbekannten" - gerichtet sind, betrachte ich in einem dritten Unterkapitel die Begegnungen von Żuławskis Figuren mit diesem *Unbekannten*.

Die Ekstase bedarf Bataille zufolge einer Dramatisierung, die sich bei Żuławski in den performativen Praktiken des Schauspiels und des Tanzes ausdrückt, die ja schon bei Nietzsche als dionysische Künste erscheinen. Diese untersuche ich im vierten Unterkapitel dieses Teils.

---

[200] Vgl. z. B. BATAILLE: *Der Begriff der Verausgabung*, S. 12, BATAILLE: *Die innere Erfahrung*, S. 258.

Über die Betrachtung der so gruppierten Motive der Selbstüberschreitung hinaus werde ich diese wo möglich auch zu den von Deleuze dem Triebbild zugeschriebenen Charakteristika in Beziehung setzen: also den Symptomen und Fetischen des Triebes und den *Ursprungswelten*, die in *abgeleiteten Milieus* hervorbrechen und diese nach und nach zersetzen.

a) Gewalt und Tod

Für Bataille ist die Grundlage aller Selbstüberschreitungen ein universales Prinzip der Entropie, welches sich beim Menschen in der ursprünglichen *Gewaltsamkeit*, dem Todestrieb, äußert. Die physische Gewalt kann als der unmittelbarste Ausdruck dieses Triebs gelten, vor allem dann, wenn sie keinem rationalen Zweck mehr untergeordnet ist, also Gewalt um der Gewalt Willen. Der Tod eines Lebewesens ist die extremste Folge der Gewalt und offenbart - wie etwa in der Opferzeremonie - unter bestimmten Bedingungen den anwesenden Betrachtern die *Kontinuität des Seins*, da er den Zerfall des bis dahin abgetrennten Wesens zu *niederer*, unförmiger Materie bedeutet und somit seine Diskontinuität, Nietzsches *principuum individuationis* aufhebt.

Gewalt und Tod sind in Żuławskis Filmen geradezu allgegenwärtig und manifestieren sich auffällig oft im Krieg[201], was nicht weiter verwundert bei einem Regisseur, dessen Kindheit von Kriegserlebnissen geprägt wurde[202]. Während TRCECIA CZESZ NOCY (Dt.: DER DRITTE TEIL DER NACHT, Polen 1971) in weiten Teilen auf Erinnerungen seines Vaters Miroslav Żuławski an dessen Aktivitäten im polnischen Widerstand während des Zweiten Weltkriegs basiert, nahm Żuławski für seinen nächsten Film DIABEL die von kriegsähnlichen Zuständen begleitete zweite Teilung Polens 1793 als Hintergrund für eine zugleich politische und existenzialistische Fabel von einem gescheiterten Königsmörder, der angesichts des ihn umgebenden Leids zum wahnsinnigen Serienmörder wird. Dabei bilden die jeweiligen historischen Begebenheiten für Żuławski einen realistischen Ausgangspunkt, den er jedoch soweit verfremdet und symbolisch überhöht, dass ihnen ein mythisch-religiöser Charakter anhaftet. Die wiederkehrende typologische Folie ist dabei die christliche Vorstellung vom Weltuntergang. Schon der Titel von TRCECIA CZESZ NOCY spielt auf eine Bibelstelle in der Offenbarung des Johannes an und am Ende des Films sind tatsächlich die vier apokalyptischen Reiter zu sehen.

---

[201] Vgl. MARCUS STIGLEGGER: *Atemlos. Die Welt des Andrzej Zulawski*. Teil 1. In: *Splatting Image* 51 (September 2002). S. 23-26, S. 24f.
[202] In dem Interviewfilm ZULAWSKI PAR ZULAWSKI (Jakub Skoczen, Polen 2000, TV-Doku) erzählt Żuławski, seine früheste Kindheitserinnerung sei, dass er vom Balkon der Wohnung seiner Eltern aus beobachtet habe, wie polnische Gefangene von deutschen Wehrmachtssoldaten erschossen wurden.

Auch in DIABEL bewegt sich die Hauptfigur Jakub (Leszek Teleszynski) weniger durchs historische Polen des 18. Jahrhunderts als durch eine apokalyptische Alptraumwelt, durch die er vom titelgebenden Teufel (!) persönlich geleitet wird. Gleich in der ersten Szene dieses Films, die in einem Militärlazarett spielt, sehen wir eine Nonne, die entsetzt ihre von der vergeblichen Verarztung eines Soldaten blutverschmierten Hände anstarrt und mit schreckgeweiteten Augen und hysterischer Stimme direkt in die Kamera sagt, sie habe noch nie zuvor einen Leichnam mit bloßen Händen berührt. Die Überschreitung dieses archaischen Tabus, die Toten zu berühren[203], löst bei ihr offenkundig eine ekstatische, wenn auch zugleich grauenerregende Erfahrung der Selbstüberschreitung aus.

An späterer Stelle findet Jakub seinen Vater tot im Bett liegen; seine Geschwister und der Hausdiener haben ihn nicht beerdigt und damit ein grundlegendes Tabu überschritten. Deshalb initiiert Jakub eine Beerdigung, bei der er sich jedoch mit seinem Halbbruder Elias streitet und prügelt, weil er diesem gegenüber leugnet, eine Mutter zu haben. Elias rät ihm hämisch lachend, er solle doch seinen Vater nach ihr fragen. Jakub überschreitet nun seinerseits das Tabu, das die Berührung von Toten verbietet, indem er ins Grab springt, den Sarg öffnet und den Toten wie wahnsinnig rüttelt und anschreit, er solle ihm Antwort geben. Daraufhin kommt der Teufel in Menschengestalt (Wojciech Pszoniak) auf einem Schimmel angeritten und fängt an, das Grab zuzuschaufeln, während Jakub noch darin ist. Bataille stellt in *Die Erotik* fest, dass das Verbot, sich Leichen zu nähern, aus dem das Beerdigungsgebot abgeleitet ist, von der Vorstellung einer magischen Ansteckung ausgeht, und zwar nicht mit Krankheiten, sondern mit der *Gewaltsamkeit* selbst, die vom Toten auf die Lebenden übergehen könnte[204].

Tatsächlich scheint Jakub im Laufe des Films Stück für Stück von der ihn umgebenden *Gewaltsamkeit* angesteckt zu werden, der er schließlich nur noch

---

[203] Vgl. BATAILLE: *Die Erotik*, S. 47.
[204] Vgl. ebd., S. 48.

durch Mord begegnen kann[205]. Dabei versucht er auch immer mehr den Tötungsakt zu dramatisieren, ihn also unter Bedingungen zu vollziehen, die ihm potentiell eine ekstatische Erfahrung vermitteln können. Bereits bei seinem ersten Mord, den er im Bordell seiner Mutter begeht (!), zerrt Jakub eine Prostituierte erst in eine Art Arena in der Mitte eines Raums mit fragmentierten antiken Statuen, bevor er ihr dann betont dramatisch die Kehle durchschneidet. Und in einer späteren Szene im Wald zwingt Jakub ein Schauspielerpaar, einen Dialog aus Hamlet zu spielen, während er sie mit dem Messer in der Hand umkreist und schließlich tötet.

Als Jakub bereits als wahnsinniger Serienmörder gejagt wird, kommt er erneut ins Bordell seiner Mutter, wo sich im Folgenden eine Szene De Sade'schen Charakters abspielt: Seine Mutter führt ihn in den Raum mit den Statuen, wo er seinen ersten Mord begangen hatte, und stellt ihn voller Stolz einer vornehmen Gesellschaft als „Jakub den Mörder" vor, was schallendes Gelächter hervorruft. Sie schlägt Jakub daraufhin vor, er solle – um der Verfolgung zu entgehen – in ihrem Bordell unterkommen und in ihrem „Zirkus" während der Vorstellung jemanden zu ermorden, „das würde dieser lasziven Meute das größte Vergnügen bereiten", sagt sie.

Auf diese bloße Ankündigung hin, bricht unter den Anwesenden eine von rhythmischer Musik und Gelächter begleitete Orgie los, während Jakub mit seiner Mutter den Saal verlässt und *sie* dann nach einem kurzen Gespräch im Hinterzimmer ermordet. Der Vorschlag seiner Mutter zeigt deutlich, dass die Gesellschaft selbst bereits so von der *Gewaltsamkeit* angesteckt ist, dass sie Jakub als Mörder geradezu verehrt und nach der dramatisierten Tötung eines Menschen, ganz wie in einer Opferzeremonie, giert.

DIABEL spielt in einer Welt bzw. zu einer Zeit, in der die Grenze zwischen der Welt des Todes und der *Gewaltsamkeit* und der Welt des menschlichen Handelns dauerhaft überschritten ist. Bataille erläutert, dass solche dauerhaften und übergreifenden Überschreitungen in einigen Kulturen die Regel waren,

---

[205] Nach Bataille ist das Verbot des Mordes nur ein besonderer Fall des allgemeineren Verbots der *Gewaltsamkeit* und wird unter bestimmten Umständen, zum Beispiel im Krieg aufgehoben, in welchem sich der Mensch der *Gewaltsamkeit* hingeben kann. Vor diesem Hintergrund macht die „Ansteckung" Jakubs mit der *Gewaltsamkeit* umso mehr Sinn. Vgl. ebd., S. 48f.

wenn der König gestorben war, und so lange anhielten, bis sein Körper endgültig verwest war[206]. Zwar ist in DIABEL der von Verschwörern geplante Königsmord schon vor Einsetzen des Plots gescheitert, doch der allgemeine Zustand Polens ist der einer entmachteten Nation, die im Chaos machtpolitischer Auseinandersetzungen zwischen Preußen und Russland in kriegsähnlichen Zuständen versinkt und der Krieg ist nach Bataille „die kollektive Organisation von Aggressionstendenzen, [...] eine *organisierte* Gewaltsamkeit"[207]. Es ist der sich bahnbrechende Todestrieb, der hier die Gesellschaft und ihre auf Verboten gegründete, diskontinuierliche Welt in katastrophaler Weise auflöst[208].

Die adlige Gesellschaft, die in Friedenszeiten als Garant der sozialen und moralischen Ordnung fungieren soll, kann hier mit Deleuze als das *abgeleitete Milieu* begriffen werden, das von der *Ursprungswelt* mit ihren Trieben durchsetzt und aufgelöst wird. Diese wird in DIABEL durch die Wälder repräsentiert, die in den Außenaufnahmen des Films fast allgegenwärtig sind und Schlösser und Höfe der Menschen umgeben. Dass die archaische Macht der Natur die künstlich vom Menschen aufgerichtete Zivilisation letztlich immer auflöst, zeigt sich auch an einer verschneiten Schlossruine, wo Jakub seine halb verrückt gewordene frühere Verlobte wiederfindet, die zur Heirat mit einem Intriganten gezwungen wurde und nun im Schnee eine Fehlgeburt erleidet und stirbt. Die Ruine bildet dabei eine gespenstische Kulisse und wirkt wie eine Versinnbildlichung des Scheiterns menschlicher Zivilisation.

Jakubs Drang zu morden ist mit Deleuze' Worten ein Symptom des Todestriebs, der von ihm Besitz ergriffen hat; sein Fetisch, das Objekt seines Triebs, ist die Leiche selbst, der zu seiner Materialität zurückgeführte Mensch. Die Leichen in DIABEL scheinen Jakub regelrecht zu verfolgen. So findet Jakub bei sich zu Hause plötzlich im Wandschrank die Leichen der beiden von ihm im Wald ermordeten Schauspieler und in einer anderen Szene sitzt die doch längst begrabene Leiche von Jakubs Vater wieder im Sessel des häuslichen

---

[206] Vgl. BATAILLE: *Die Erotik*, S. 66f.
[207] Ebd., S. 64.
[208] „People are reduced to caricatures of the most base traits of human nature, as they charge screaming through a disintegrating society, raping, decapitating, castrating and murdering each other. A primal scream is the only trait correlating each act in the episodic narrative." DANIEL BIRD: *Zulawski and Polish Cinema*. In: STEPHEN THROWER: *Eyeball Compendium. Writings on sex and horror in the cinema from the pages of Eyeball Magazine, 1989-2003*. Godalming, Surrey. S. 147-150, S. 148.

Wohnzimmers. Nachdem Jakub schließlich auch seine Geschwister ermordet hat, zündet er mit brennenden polnischen Flaggen sein Elternhaus an, worin sich wieder seine Tendenz zur Inszenierung und Dramatisierung seiner Gewaltakte zeigt. Aus den Flammen des brennenden Hauses wankt ihm die auferstandene Leiche seines Vaters entgegen und segnet ihn mit den gestammelten Worten „Für... meinen Sohn!". Der Film lässt offen, ob sich diese übernatürlichen Formen der Grenzüberschreitung zwischen Tod und Leben nur in Jakubs Kopf abspielen oder möglicherweise ein Werk des Teufels sind.

Es ist jedoch von zentraler Bedeutung, dass Jakubs Gewaltakte im Grunde *Projektionen eines Selbstverlusts* sind und für ihn in der ihn umgebenden Welt die einzige verbliebene Möglichkeit von *souveräner* Kommunikation, das heißt von Selbstüberschreitung sind. Dass es sich um einen bewussten Gang in die eigene Vernichtung handelt, wird besonders deutlich, als Jakub mit einer Nonne auf einem Pferd vor seinen Verfolgern flieht und, von einem plötzlichen Impuls getrieben, hysterisch auflachend dem Pferd die Kehle durchschneidet, woraufhin sie gefährlich stürzen. Jakub lacht wie in Ekstase, während er dem im Schnee verendenden Pferd zusieht.

Als er schließlich vom Teufel verraten wird und dieser ihm mitten ins Gesicht schießt, sind seine letzten Momente vor dem Tod buchstäblich als Zustand des Außer-Sich-Seins inszeniert: auf einem Baum sitzend kriecht er einen Ast empor, was durch triumphal anmutende Musik untermalt wird und in einer Kameradrehung um die eigene Achse von unten gefilmt ist, so dass sich Jakub langsam vor dem Hintergrund des Himmels zu drehen scheint. In diese kurze Sequenz sind zwei Inserts gegen geschnitten, die Jakub zeigen, wie er offensichtlich erblindet auf einem Feld umherkriecht. Dies stellt meiner Ansicht nach eine Innenperspektive von Jakubs Kopf dar: so erlebt er seine letzten Momente vor dem Tod.

Während in DIABEL die durch den Krieg in einem historischen Milieu freigesetzte *Gewaltsamkeit* die Gesellschaft und im Besonderen das Individuum Jakub zersetzt und sich in selbstzweckhaften Akten der Gewalt entlädt, verhandelt das Science-Fiction-Epos NA SREBRNYM GLOBIE die Motive Gewalt und Tod in einem Kontext der Frage nach der metaphysischen Natur des Bösen. Der Film handelt von einer auf einem fernen Planeten aus den Nachkommen einer Expedition von Astronauten entstandenen Zivilisation, die verschiedene

Stadien der Menschheitsgeschichte nachvollzieht. Die Entstehung der Religion und die existenzielle Sinnsuche des Menschen stehen dabei im Vordergrund. Die neuen Bewohner des silbernen Planeten treffen schließlich auf außerirdische, vogelähnliche Wesen, die Scherne, die ihnen den Tod bringen und sie unterdrücken. Ihre Grausamkeit ist für die Menschen furchterregend und faszinierend zugleich. Diese entwickeln in ihrer Religion die Hoffnung auf einen Messias, der vom Himmel kommen soll. Als Jahre nach der ersten Expedition eine zweite auf den silbernen Planeten entsandt wird, identifizieren die dortigen Menschen deren Anführer Marek (Andrzej Seweryn) als ihren Erlöser. Marek versucht ihnen zu helfen und beginnt einen erbitterten Krieg gegen die Scherne, doch das wahre Grauen scheint in den Menschen selbst zu liegen – die Scherne sind möglicherweise nur externe Projektionen der menschlichen Seele. Ich komme an späterer Stelle noch eingehender auf die Scherne zu sprechen. Zunächst ist relevant, dass die Menschen des silbernen Planeten selbst immer mehr von der *Gewaltsamkeit* der Scherne affiziert werden und schließlich extreme Grausamkeiten begehen, die einen religiösen Opfercharakter haben.

Als Marek von der finalen Schlacht gegen die Scherne in deren Stadt jenseits eines Meeres zurückkehrt, haben die Priester der Menschen am Strand eine Gruppe von Ungläubigen auf riesige Pfähle gebunden, so dass ihnen die Innereien aus dem Körper quellen. Nach einer heranfahrenden Panoramaaufnahme der grausigen Szenerie zeigt der Film eine steile Aufsicht von einem der Gemarterten, der noch lebt und in Ekstase über seinen Zustand monologisiert:

> „Man kann in einen Zustand gelangen, wo man sich ergibt und die Gedärme herauslässt, als ob man zugäbe, dass es nur Gedärme im Innern gibt. Ihr Anblick bedeutet den Verzicht auf Geheimnis. Es bedeutet, sich seiner selbst zu entäußern. Restlos. Du. Wenn nicht du, wer dann? Ich?"

Die Ekstase des Gefolterten erinnert an Batailles Reflexionen zu den Photographien der chinesischen Lingchi-Folter, in denen sich ihm „die Identität dieser vollkommenen Gegensätze: der göttlichen Ekstase und des äußersten Grauens" offenbarte [209]. Diese von Bataille festgestellte „Identität des Grauenerregenden und des Religiösen"[210] zeigt sich extrem deutlich in einer der letzten Szenen des Filmes, in der Marek schließlich selbst wie sein typologisches Vorbild Jesus gekreuzigt wird.

Marek kommt in dieser Szene nur mit einer Unterhose bekleidet aus dem Meer und verkündet, man müsse die Priester und ihre grausamen Gesetze abschaffen, alle Güter gerecht verteilen und falsche Hoffnungen zerstören. Er wolle nun nicht mehr gegen die Scherne, sondern gegen die Menschen in den Krieg ziehen. Während er spricht, beginnen die Priester und ihr Gefolge Marek zu steinigen. Dieser stürzt, steht wieder auf und hebt blutüberströmt die Hände zum Segen: „Gesegnet sei der, der da war, bevor er entstand". Mareks Geliebte Ihezal kommt zu ihm, umarmt ihn und rammt ihm dabei hinterhältig ein Messer in den Rücken. Die Priester schleifen ihn erbarmungslos durch den Sand und schlagen ihn mit Nägeln an ein riesiges Kreuz, dessen Längsbalken etwa dreimal so lang ist wie Marek selbst. Sie stellen das Kreuz mit Seilen auf und nach einem Dialog Mareks mit dem Schern Awij, der sich auf dem Kreuz niedergelassen hat[211], sieht man immer näher heranrückende Aufnahmen des Gekreuzigten, während er in der Ekstase seiner Agonie spricht: „Oh du meine Kraft, du hast mich verlassen! Wer? Was? Warum? Sei gegrüßt Gnade!".

Abgesehen von der äußerst blutigen Darstellung dieser Kreuzigung liegt der Schwerpunkt der Inszenierung wie bei dem Tod Jakubs in DIABEL auf der ekstatischen inneren Erfahrung der Todesnähe, die Marek erlebt. Sie wird vor allem durch die Nah- und Großaufnahmen von seinem Gesicht sichtbar.

Der Tod des Protagonisten wird sowohl in DIABEL, als auch in NA SREBRNYM GLOBIE als ekstatisches Erlebnis dargestellt. Der Niedergang und qualvolle Tod des Helden bedeuten für Bataille ein Aufgehen des Individuums in einer *Kontinuität des Seins*, wie es bereits Nietzsche in der antiken Tragödie verwirklicht sah. Dabei darf jedoch nicht außer Acht gelassen werden, dass der Tod in Żuławskis Filmen trotz des ekstatischen Charakters immer als etwas dezidiert

---

[209] BATAILLE: *Die Tränen des Eros*, S. 247.
[210] Ebd.
[211] Da der kurze Dialog mit Awij zu den Szenen gehört, die aufgrund des 1977 vom damaligen polnischen Kultusminister Wilhelmi verhängten Drehstopps nicht mehr gedreht werden konnten, wird er in einem Insert von Żuławski aus dem Off nacherzählt.

Grauenerregendes und Fürchterliches erscheint. Eine Ausnahme in seinem Werk bildet höchstens MES NUITS, wo die Liebenden am Ende gemeinsam ins Meer gehen und der romantische Topos des gemeinsamen Liebestodes aufgerufen wird.

In POSSESSION sind Gewalt und Tod dagegen wie eine unsichtbare Präsenz, die sich im Laufe des Films immer mehr physisch manifestiert. Schon die ersten Bilder des Films zeigen die Berliner Mauer und ein schwarzes Gedenkkreuz für Maueropfer. Den ganzen Film hindurch wird durch wiederholte Aufnahmen der Mauer und der Grenzposten und durch Mark Zimmermanns (Sam Neill) Geheimdienstaktivitäten eine über dem geteilten Berlin schwebende Kriegsdrohung suggeriert, bis am Ende die Geräusche eines Luftangriffs davon zeugen, dass der kalte Krieg „heiß" geworden ist. POSSESSION ist einer von Żuławskis komplexesten Filmen, da er sein grundlegendes Thema der Trennung auf mindestens drei ineinander verwobenen Ebenen verhandelt: die politische Grenze der Mauer zwischen West und Ost, die Entzweiung zwischen Mark und Anna (Isabelle Adjani) bzw. zwischen Mann und Frau und die ‚transzendentale Obdachlosigkeit', die Trennung des Menschen von Gott.

Der Film handelt vom Scheitern der Liebe zwischen zwei Menschen und hebt dieses Scheitern im Mikrokosmos Familie zugleich auf eine makrokosmische Ebene der Politik und letztlich auch auf eine der Metaphysik. Die physische Gewalt erscheint für die Menschen in POSSESSION dabei als einzige verbliebene Möglichkeit der Kommunikation, als einzige noch funktionierende Form der Grenzüberschreitung. Die archaische *Gewaltsamkeit* bricht sowohl bei Mark als auch bei Anna hervor, wenn auch in unterschiedlicher Weise, und zersetzt das häuslich-familiäre *abgeleitete Milieu*.

In einer Szene, als das eheliche Drama bereits in vollem Gange ist, schneidet Anna in der Küche mit einem elektrischen Messer Fleisch, das sie dann in einem Fleischwolf weiter zerkleinert. Mark tritt hinzu und redet auf sie ein, fragt sie, was der Grund für ihre Angst sei. Anna wirkt verstört und antwortet erst nur durch Kopfschütteln. Auf die Frage, ob sie Angst *davor* habe, dass Mark sie nicht mehr mögen werde, nickt sie leicht und bejaht dies leise, während sie das Fleisch durch den Fleischwolf drückt. Mark schluchzt: „Anna, help me! Help me!", woraufhin sie plötzlich das elektrische Messer nimmt und mit einem Schrei an ihrer Halsschlagader ansetzt. Verwundet schreit sie und zuckt völlig außer sich mit dem Kopf hin und her, während der entsetzte Mark sie ins Bad zieht, verarztet und ihr einen Verband um den Hals legt. Kurz darauf kommt sie in die Küche, wo sich nun Mark völlig ungerührt mit dem elektrischen Messer tiefe blutende Kerben in den Arm schneidet. Anna quittiert dies wenig verwundert mit den Worten: „It doesn't hurt" und Mark stimmt ihr leise zu. Nach allem vorangegangenen Streit scheint ausgerechnet dieser Moment einen Augenblick des Verständnisses zwischen beiden zu enthalten. Die autoagressive Öffnung des jeweils eigenen Körpers scheint eine kurze Gemeinsamkeit zwischen ihnen zu stiften.

Das rohe Fleisch, das Anna zerkleinert, kann dabei als Form der *niederen Materie*, als organisches Protoplasma betrachtet werden, das hier zum Deleuze'schen Fetisch des autoagressiven Triebes wird, dem zugehörigen Symptom. Es ist nun gerade die Öffnung des Körpers und seine Zerstückelung, die für Bataille das transgressive Element der Gewalt ausmachen, indem sie die Abgeschlossenheit des Individuums aufhebt und in seiner Auflösung zu „Materiebrocken" eine tiefere Einheit mit der restlichen Materie des Universums offenbart. Wie schon DIABEL und NA SREBRNYM GLOBIE ist auch POSSESSION von der entropischen Zeit des Triebbilds geprägt und der Verschleiß des menschlichen Körpers bildet ein ikonographisches Leitmotiv des Films.

Neben dem rohen Fleisch und den sich auch in POSSESSION zahlreich türmenden Leichen treten hier ebenfalls die beiden Typen *personifizierter Fetische* auf, die Deleuze für das Triebbild ausmacht: das Monster und die Krüppel. Es gibt in POSSESSION tatsächlich eine auffällige Häufung von Krüppeln: Margie, die sich ein Bein gebrochen hat, Heinrichs gehbehinderte Mutter, ein einäugiger Polizist und das Mädchen mit Klumpfuß, das beim Finale auf der Treppe kurz zu sehen ist[212]. Als partiell versehrte Opfer von Gewalt oder körperlichem Verfall unterstreichen sie metonymisch die Omnipräsenz des alles auflösenden Todestriebs[213].

---

[212] Es handelt sich dabei eigentlich um die aus dem Drehbuch herausgestrichene Figur Sara, die neue Frau von Annas früherem Ehemann Abe (ebenfalls aus dem Drehbuch gestrichen). Vgl. DIE ANDERE SEITE DER MAUER. MAKING POSSESSION (Daniel Bird, USA 2008). Im Bonusmaterial zur DVD: *POSSESSION. Ein Film von Andrzej Żuławski*. F / BRD 1981. Bildstörung 2009.

[213] „Der Trieb ist ein Akt, der herausreißt, zerreißt und auseinandernimmt. [...] Es ist eine konstante Beziehung von Räuber und Beute. Der Krüppel ist Beute par excellence, weil man nicht mehr weiß, was an ihm Stück ist, der Teil, der ihm fehlt, oder das, was von seinem Körper übriggeblieben ist." DELEUZE: *Das Bewegungs-Bild*, S. 178.

Am deutlichsten zeigt sich der Trieb zur Zerstückelung jedoch in den Morden, die Anna begeht, um das Monster zu schützen und mit den Leichen zu füttern. Als der erste von Mark engagierte Detektiv Annas geheimes Apartment unter einem fadenscheinigen Vorwand durchsucht, entrollt Anna auf einmal ihren Halsverband, wie um ihre Verwundung offen zu legen. Plötzlich lacht sie albern und bietet dem konsternierten Detektiv Wein an. Während dieser das Bad inspiziert, lässt sie absichtlich die Weinflasche fallen. Der Detektiv erblickt ungläubig im dunklen Badezimmer das Monster, das hier das erste Mal im Film und daher in seinem ersten Entwicklungsstadium als noch recht unförmiger Tentakelknoten zu sehen ist. Anna tritt kichernd von hinten an ihn heran und sticht, nun schreiend, mit der abgebrochenen Flasche auf ihn ein.

Bei der Ermordung des zweiten Detektivs gerät Anna in einen noch heftigeren ekstatischen Zustand. Nachdem dieser das Monster und die Leiche seines Kollegen (und Lebenspartners) entdeckt hat, schießt er entsetzt auf Anna, verfehlt aber sein Ziel. Sie gerät daraufhin durch die plötzliche Bedrohung ihres eigenen Lebens völlig außer sich, keucht, stöhnt und schreit, während sie wie wild auf den Detektiv einschlägt, ihn mit Essenseinkäufen besudelt und schließlich mit seiner Pistole erschießt.

Einblick in die Natur von Annas innerer Erfahrung des Mordens gewährt die Szene, in der ihr Geliebter, der esoterische Guru Heinrich (Heinz Bennent), sie in ihrem Apartment aufsucht und zunächst machohaftes Gehabe an den Tag legt. Nachdem sie ihm grinsend und kichernd das Monster und die Leichenreste im Kühlschrank gezeigt hat, ist er jedoch zu Tode geängstigt. Sie bedroht ihn mit einer Schere und beginnt, dem langsam Zurückweichenden damit das Hemd aufzuschneiden. Dabei redet sie mit geweiteten Augen und irrem Grinsen auf ihn ein:

„Are you going to help me, Heinrich? You are not different from anyone else. We are all the same! But in different words, in different bodies, different versions... Like insects! MEAT!"

Bei dem Wort „Fleisch" stößt sie Heinrich die Schere in die Brust. Der flieht taumelnd durch den dunklen Korridor, in dem nun drei graue Plastiksäcke sichtbar werden, die voll mit blutigen Leichenteilen sind. Anna ist äußerlich ruhig, scheint aber innerlich sehr erregt und beginnt, sich vor dem Monster langsam auszuziehen.

Für Anna sind die Morde eine Möglichkeit, die diskontinuierliche Seinsweise der Menschen als Individuen aufzuheben: als Fleisch sind alle Menschen gleich. Der Tod des Einzelnen ist unerheblich vor einer größeren Einheit der Menschheit wie bei einem Insektenschwarm. Der Trieb zur Fragmentierung des menschlichen Körpers, ob durch partielle Verkrüppelung oder durch totale Zerstückelung, löst die Menschen selbst in Brocken unförmiger Materie auf.

Die *Gewaltsamkeit* mündet in POSSESSION schließlich in eine „katastrophische" Form der Verschwendung[214]. Nachdem im Mikrokosmos von Mark und Annas Ehe die Kommunikation gescheitert ist, deutet der Bombenhagel am Ende des Films an, dass die Grenzüberschreitung auch auf politischer Ebene nur in Form eines Kriegs stattfinden wird. Auch TRZECIA CZECZ NOCY und SZAMANKA münden im Ausbruch der Apokalpyse und Żuławskis gesamtes Werk hat eine unverkennbar geschichtspessimistische Tendenz, die sich auch im Niedergang der neuen Zivilisation in NA SREBRNYM GLOBIE[215] oder im dekadenten Nihilismus von L'AMOUR BRAQUE niederschlägt. Insofern erscheint die Zeit in seinen Filmen tatsächlich als „Chronos in seiner ganzen Grausamkeit"[216] und er selbst als „Chronist des Verfalls und pessimistischer Verkünder des menschlichen Weges in den Untergang"[217].

---

[214] Vgl. BATAILLE: *Der verfemte Teil*. In: DERS.: *Die Aufhebung der Ökonomie*. Hg. von Gerd Bergfleth und Axel Matthes. München 1975, S. 45.
[215] Der Zyklus des Untergangs in NA SREBRNYM GLOBIE ist für Thomas Schweer ein gescheiterter Neuanfang der Menschheit: „Die Schöpfungsgeschichte kann noch einmal beginnen. Eine Chance, die eigentlich gar keine ist. Der Zwang, etwas zu schaffen, die fehlende Liebe, mit der neues Leben gezeugt wird, läßt alles hoffnungslos werden. Die neuen Menschen lernen schnell, aber sie wissen ohne zu verstehen." THOMAS SCHWEER: *Keine Angst zu sterben. Die Filme des Andrzej Zulawski*. Teil 1. In: *Splatting Image* 4 (August 1990). S. 11-14, S. 12.
[216] DELEUZE: *Das Bewegungs-Bild*, S. 172.
[217] STIGLEGGER: *Atemlos*. Teil 1, S. 25.

b) Sexualität und Liebe

Eng mit der physischen Gewalt und dem Tod verknüpft ist in Żuławskis Filmen die Sexualität. Da die erotischen Formen der Selbstüberschreitung, ebenso wie das Opfer und die Grausamkeit an eine triebhafte *Gewaltsamkeit* rückgekoppelt sind, schlagen sie ständig in physische Gewalt und Grausamkeit um. Wenn es allerdings überhaupt ein Element der Hoffnung in den Filmen Żuławskis gibt, so ist dies meist in der Utopie einer „romantischen" Liebe zu suchen[218].

Tendenziell lassen sich bei der Darstellung von Sexualität und Liebe also in Żuławskis Werk zwei Pole ausmachen: eine triebhafte und brutale Form der Sexualiät steht einer romantisch konnotierten Form der Liebe gegenüber. Dies entspricht auch Batailles Unterscheidung einer *Erotik der Körper* und einer *Erotik der Herzen*[219]. Die Grenzen zwischen diesen zwei Ausprägungen erotischer Selbstüberschreitung sind in Żuławskis Filmen jedoch fließend.

In der sich zersetzenden Welt von DIABEL erscheint die romantische Liebe, die *Erotik der Herzen*, nur noch als vergangener Traum. Die ehemalige Verlobte Jakubs (Malgorzata Braunek) ist nun mit dem Erzintriganten verheiratet und Jakub muss ihr ekstatisches Stöhnen mit anhören, als sie mit diesem Geschlechtsverkehr hat. Jakub erfährt indessen von seinem Halbbruder Elias, dass seine eigene Mutter die Leiterin eines Bordells ist. Er sucht das Freudenhaus auf, verheimlicht zunächst seine Identität und verlangt, mit ihr zu schlafen. Seine Mutter wundert sich, dass der junge Mann mit ihr, der ältesten und hässlichsten Hure, wie sie sagt, schlafen will und bemerkt seinen merkwürdigen Blick. In einem Schlafzimmer ihres Bordells küssen sie sich und Jakubs Mutter zieht ihn und sich aus, während sie ihn auffordert: „Give me pleasure! ... Please! ... Please!". Sie drückt ihren Sohn aufs Bett und besteigt ihn. Nach kurzem Beischlaf wirft er den Kopf hin und her, wälzt sich von Abscheu ergriffen

---

[218] „Für Zulawski ist die exzessive und oft scheinbar ziellose Sexualität seiner Protagonisten eine finale Sprache der Verzweiflung angesichts der Unmöglichkeit zwischenmenschlicher Kommunikation. Als einzige und letzte Utopie bleibt letztlich doch nur: die Liebe. ‚Es ist wichtig, zu lieben.'" MARCUS STIGLEGGER: *Atemlos. Die Welt des Andrzej Zulawski.* Teil 2 In: *Splatting Image* 52 (Dezember 2002). S. 13-17, S. 15.
[219] Vgl. BATAILLE: *Die Erotik*, S. 18ff. Ein dritter Typus ist für Bataille die „heilige Erotik", die spirituelle Ausprägung der Sehnsucht nach einer Kontinuität des Seins. Ich widme mich ihr vor allem in dem Kapitel über das *Unbekannte* in den Filmen Żuławskis.

um und schreit laut: „Mother!", woraufhin diese ebenfalls anfängt, wie am Spieß zu schreien. Wie Ödipus hat Jakub mit seiner Mutter das Inzesttabu überschritten und beide werden dadurch in einen Taumel aus Angst und Ekel versetzt. Jakub flieht daraufhin und gelangt im Bordell zu einer Art Zwinger, in dem außer einigen Tieren auch ein Mensch im Harlekinskostüm eingesperrt ist. Eine junge Prostituierte eilt hinzu und offenbart ihm den Zweck dieser Einrichtung:

> „We practise here. This is our school, do you understand? Here we have animals and there... that's a man. An instrument, a toy. I need money. So what do you prefer? With him, so you can watch? Or with you?"

Sie führt ihn in den zuvor schon beschriebenen Saal des Bordells mit den fragmentierten Statuen und der Arena in der Mitte, wo Jakub ihr dann unvermittelt die Kehle durchschneidet. Genau in diesem Moment tritt plötzlich und wie aus dem Nichts kommend der Teufel hinzu und verspottet Jakub damit, er verschwende hier doch nur seine Kraft.

Die erste Tabu-Überschreitung, der Inzest mit der Mutter, versetzt Jakub in einen derartigen Rausch, dass er diese gleich mit einer weiteren, zweiten Überschreitung, diesmal des Tötungsverbots, übertreffen muss! Der Harlekin und die Tiere im Zwinger, die den Prostituierten als Schulungsmaterial dienen, heben die kreatürliche Seite der Sexualität hervor, die hier als Vorstufe und Stimulus der *bestialischen* Gewalt von Jakubs Morden erscheint. Der hier beschriebene Mord ist sein allererster – die sexuelle Überschreitung im Inzest hat im Innern Jakubs die Schranken des Todestriebs geöffnet. Auch im weiteren Verlauf des Films lösen erotische Begierden in ihm den Drang zum Töten aus, so etwa als sich eine Frau aus einer Gruppe umherziehender Schauspieler vor ihm im Wald (der *Ursprungswelt* in DIABEL!) entblößt und ihm aus ihrer Brust zu trinken gibt, woraufhin er in einen Mordrausch gerät. Umgekehrt lösen aber auch seine Gewaltakte in anderen sexuelle Gelüste aus, wie in der bereits geschilderten Szene im Bordell, wo die Aussicht, einem vor ihren Augen stattfindenden Mord beizuwohnen, auf die Zuschauer erotisierend wirkt und in einer Orgie mündet.

Die von Bataille festgestellte inhärente Verwandtschaft von Erotik, Gewalt und Tod wird in DIABEL vor allem in dem ständigen Austausch und Übergang zwischen den sexuellen und gewalttätigen Ausprägungen der Triebabfuhr sichtbar. Sexualität erscheint in diesem Film geradezu ausschließlich in Form erschreckender und obszöner Urakte, die aus der Gewalt entstehen oder in diese münden.

Demgegenüber steht in NA SREBRNYM GLOBIE der bedrohlichen und gewalttätigen Form von Sexualität zunächst eine positivere Ausprägung der Erotik gegenüber, die eher der romantischen Vorstellung von Liebe und Batailles Konzept einer *Erotik der Herzen* entspricht. In einer relativ frühen Szene dieses Films entspannt sich ein kurzer Dialog zwischen Jerzy (Jerzy Trela), dem Chronisten der ersten menschlichen Zivilisation auf dem „silbernen Planeten" und seinem Kumpanen Piotr, in dem es um Piotrs Verhältnis zu Marta, einer weiteren Astronautin, geht. Auf Jerzys Bemerkung, dass Piotr sie liebe, erwidert dieser: „Wer liebt, möchte im andern völlig aufgehen." Jerzy antwortet ihm: „Man kann es auch ohne Liebe machen, doch dann…". Bevor er seinen Satz vollenden kann, schlägt Piotr ihn, außer sich vor Wut, nieder. Kurz darauf schlagen Bomben über ihnen ein und töten Piotr. Wie sich später herausstellt, war dies der erste Angriff der Scherne, der vogelähnlichen Planetenbewohner auf die Menschen.

Bereits in dieser kurzen Szene deutet sich an, dass eine Erotik *ohne* Liebe, in Batailles Terminologie die *Erotik der Körper*, zwar ebenfalls die Möglichkeit bietet, sich selbst zu überschreiten und „im andern völlig aufzugehen", wie sich Piotr ausdrückt, doch dass sie die Gefahr der ungebändigten *Gewaltsamkeit* birgt. Vor dem Hintergrund der späteren Handlung des Films ist es kein Zufall, dass auf Piotrs eruptiven Gewaltakt der für ihn tödliche Angriff der Scherne folgt, geradezu, als habe er diesen durch sein eigenes Handeln heraufbeschworen.

Die Scherne, diese furchteinflößenden außerirdischen Wesen, verkörpern hier nämlich eine grausame Form der Erotik, die im weiteren Verlauf des Films auch von der menschlichen Zivilisation des silbernen Planeten Besitz ergreift. Dieser düsteren Erotik steht in NA SREBRNYM GLOBIE jedoch die romantische Vorstellung von Liebenden gegenüber, die vom Schicksal füreinander bestimmt sind: Ihezal (Grazyna Dylag), die Tochter des Hohepriesters Malahuda, ist Marek *vorherbestimmt*, dem vermeintlichen Erlöser und Befreier der Menschen des silbernen Planeten.

So steht etwa eine längere Liebesszene zwischen Marek und Ihezal in krassem Gegensatz zu den ansonsten eher furchterregenden Darstellungen von Sexualität in diesem Film: Marek und Ihezal lieben sich eng umschlungen im Stehen, wobei er sie in seinen Armen hält. Die Kamera nähert sich ihnen langsam, begleitet durch sanfte Musik, und umkreist die Liebenden, nähert sich dabei immer mehr ihren Gesichtern, um schließlich auf Ihezals Gesicht zu verharren. Marek sagt: „Ich wußte nicht, dass es eine so große Liebe geben kann". Es folgt ein sehr intimer Dialog zwischen den beiden, in dem Marek Ihezal sein Innerstes offenbart. Hier wird deutlich eine *Erotik der Herzen* inszeniert: durch die geradezu *zärtliche* Annäherung der Kamera an die zwei einander in die Augen blickenden Gesichter wird ein tiefes Verständnis der beiden Liebenden suggeriert, das durch Mareks Bemerkung und das anschließende Gespräch bekräftigt wird.

Nach Batailles Vorstellung wird in dieser romantisch liebevollen Form der Selbstüberschreitung für die Liebenden jeweils der geliebte Partner zur „*Transparenz der Welt*", hinter der sich „das unumschränkte Sein, das von keiner persönlichen Diskontinuität mehr begrenzt wird", offenbart[220].

In NA SREBRNYM GLOBIE scheitert diese idealisierte Form der Liebe jedoch, da Ihezal der finsteren Erotik der Scherne erliegt und Marek schließlich verrät. Die Scherne üben trotz ihres monströsen Aussehens (oder gerade deswegen?) eine erotische Anziehungskraft auf Frauen aus. Kurz vor der soeben geschilderten Liebesszene erzählt Ihezal Marek in einer großen Felsenhalle von den Frauen, die sich mit den Schernen eingelassen haben. Angeblich „brennen" diese beim Geschlechtsakt den Frauen das Geschlecht aus. Während man im Hintergrund das Wehklagen etlicher Frauen hört, berichtet Ihezal weiter:

> „Sie erzählen, wenn sie noch sprechen können, von einer Wollust, so groß, dass es schon ekelhaft ist. Der Schern berührt etwas in ihnen, den Kern selbst. Er öffnet und füllt ihn, er hellt ihn auf."

Aus dem Verkehr der Frauen mit den Schernen gehen groteske Mischwesen, die Mortzy, hervor. Das Grauen, das von der abgründigen Wollust ausgeht, die die Scherne erregen, wird durch den monströsen Charakter sowohl ihrer Liebhaber, der Scherne, als auch ihrer Kinder, der Mortzy, zu einem physischen

---

[220] Ebd., S. 23.

Ekel vor der *niederen*, formlosen Materie, deren Repräsentanten diese Monster sind. Eine nahezu identische Konstellation findet sich in POSSESSION, wo Anna das Monster nicht nur gebiert, sondern auch zu ihrem Liebhaber macht! Auf die Bedeutung der Monster bei Żuławski werde ich im folgenden Kapitel über das *Unbekannte* noch genauer eingehen.

Die deutlichste Personifikation einer bedrohlichen und gewaltsamen Sexualität in Żuławskis Œuvre ist wohl die weibliche Hauptfigur von SZAMANKA, die „Schamanin", deren wahren Namen man nie erfährt und die nur „Włoszka", das heißt „die Italienerin" genannt wird. Von Beginn an erscheint sie als Verkörperung gefährlicher, ganz und gar triebhafter Sexualität, die, wie Katrin Wlucka ausgiebig analysiert, bei Żuławski meist Frauen zugeordnet ist[221].

Bereits bei der ersten Begegnung mit dem angehenden Anthropologen Michal während einer Wohnungsbesichtigung kommt es zu einem spontanen und heftigen Geschlechtsakt, der von dumpf stampfender Musik untermalt ist: der Beginn einer zerstörerischen *amour fou*, die unweigerlich in die Katastrophe mündet[222]. Nachdem sie Michal im Anthropologischen Institut der Warschauer Universität ausfindig gemacht hat, fällt Włoszka während dessen Vorlesung in eine Art Ekstase. Vor einem Glaskasten mit archäologischen Funden fängt sie an, heftig zu zucken und zu sabbern, fast wie bei einem epileptischen Anfall. Sie presst ihre Lippen wie zum Kuss auf die Glasscheibe und sinkt zusammen, während Michal weiter über Schamanismus doziert. Allerdings bemerkt Michal sie erst als die Vorlesung beendet ist, hilft ihr auf und bringt sie an die frische Luft. Ohne Vorwarnung fängt sie an, ihn mit ihren Händen überall im Gesicht zu berühren und bittet ihn eindringlich, ihr zu helfen. Ihre Gesichter nähern sich einander fast bis zum Kuss an, da fordert Michal sie spontan auf, ihm auf den Mund zu spucken und den Speichel dann abzulecken, was sie prompt tut. In

---

[221] Vgl. WLUCKA, S. 31-34. Was das über Żuławski und sein Verhältnis zu Frauen aussagen mag, steht hier nicht zur Debatte...

[222] Bereits in dieser Art des Kennenlernens lässt sich eine deutliche Parallele zu Bernardo Bertoluccis Klassiker des transgressiven Kinos ULTIMO TANGO A PARIGI (I / F 1972) erkennen. Vgl. auch ATKINSON, S. 85. Dieser Film, der nach Aussage Bertoluccis explizit von Bataille inspiriert ist, wirkt fast wie eine Art Blaupause von SZAMANKA, führt er doch bereits die Suche zweier Individuen nach einem transformierenden Einheitserlebnis in ritualisierten sexuellen Tabu-Überschreitungen vor, die einer fatalen Logik der Transgression folgend, in einem Tötungsakt münden. Vgl. MARCUS STIGLEGGER: *Ritual & Verführung. Schaulust, Spektakel und Sinnlichkeit im Film*. Berlin 2006, S. 82-87.

der folgenden Einstellung sind sie wieder in der nun von ihr gemieteten Wohnung. Die beiden ziehen sich betont langsam aus und haben dann exzessiven, animalischen Sex.

Wloszka verströmt eine durch und durch archaische und gewaltsame Sexualität, von der Michal nach und nach mitgerissen wird. Die „Schamanin" ist nymphomanisch und fressgierig, sie stiehlt und benimmt sich in Gesellschaft gleichermaßen vulgär und provozierend exzentrisch. Als Bergbaustudentin, die im Film mehrfach in der mythisch-bedrohlichen *Ursprungswelt* unter Tage gezeigt wird, wirkt sie wie eine Inkarnation der „alles verschlingenden Urmutter", wie Katrin Wlucka treffend schreibt[223]. Zudem arbeitet sie in einer Fleischfabrik, wo sie sich minutenlang wie im Rausch aus einer Maschine triefendes Hackfleisch über die Finger laufen lässt, ein *Fetisch* der zerstückelten und wieder formlos gemachten Materie, der schon in POSSESSION ein Vorzeichen kommenden Unheils war.

Überhaupt sind in SZAMANKA die Grundtriebe Nahrungsaufnahme und Sexualität eng mit einander gekoppelt. In einer Szene isst Wloszka zuerst aus dem Futternapf ihrer Katze und befriedigt sich dann vor dem offenen Kühlschrank. In einer anderen fordert sie Michal auf, „sie zu essen" und schiebt sich dabei einen Apfel zwischen die Beine. Michal quittiert ihr Verhalten – teilweise selbst während des Geschlechtsverkehrs – mit Sätzen, die gleichermaßen Verachtung, Angst und Faszination ausdrücken:

> „One can fuck you with anything. Put a finger into your ear and go."
>
> „I exist, because I'm in you."
>
> „You're a machine. You either eat, sleep or fuck."
>
> „Your hormones taste sweet. You're a vagina. You're doing it yourself, it's not me."

Michals zweite Obsession neben Wloszka ist die 2500 Jahre alte Mumie eines Schamanen, die er mit Hilfe von Studenten jüngst ausgegraben hat und zum Gegenstand seiner Dissertation machen will. Im Laufe des Films überlappen sich seine sexuelle und wissenschaftliche Leidenschaft immer mehr. Wie

---

[223] WLUCKA, S. 34.

schon der Titel andeutet, entpuppt sich Wloszka selbst als gefährliche Schamanin, die Michal seine Energie rauben will. Nebenbei treibt sie durch ihr Verhalten indirekt gleich *zwei* Menschen in den Selbstmord: Michals Verlobte, die dieser für Wloszka verlässt, und einen äußerst frommen Bergbau-studenten, der sich in Wloszka verliebt und sie heiraten will und den sie nach anfänglicher Zurückweisung überraschend in seiner Wohnung aufsucht und zu schnellem Sex verführt.

Wloszkas Geschlechtsidentität ist im Übrigen ambivalent: Im Film wird mehrfach angedeutet, dass sie eigentlich ein Hermaphrodit ist. Nachdem Michal im Anus der Schamanenmumie weibliches Sexualsekret entdeckt hat, nötigt er Wloszka ebenfalls zum Analverkehr und sagt dabei zu ihr „That's it. The shaman also had sperm in his arse. Female sperm. They impregnate demons.", woraufhin sie ihn als Sodomiten beschimpft und ihm vorwirft, er habe sie nun „von Kopf bis Fuß zerrissen".

Später im Film kommt sie jedoch dazu, Michal seine Beinahe-Vergewaltigung gewissermaßen heimzuzahlen und dabei tatsächlich die aktive sexuelle Rolle zu übernehmen. Zuerst haben beide im Sitzen Geschlechtsverkehr, wobei sie die Arme *kreuz*förmig ausgebreitet und sich an den Händen gefasst haben, was dem Akt einen rituellen Charakter verleiht, der durch die stampfende und zugleich sakral anmutende Musikuntermalung noch unterstrichen wird[224]. Eine Großaufnahme zeigt ganz kurz Wloszkas Gesicht, sie flüstert etwas Unverständliches. Dann liegt sie hinter Michal, sie betrachtet eine schmierige Flüssigkeit auf ihrer Handfläche (ob ihr Sexualsekret oder Michals Sperma ist unklar), fängt plötzlich an zu schluchzen und es scheint, als ob nun *sie ihn* anal penetriere, ohne dass ersichtlich wird, wie dies anatomisch überhaupt möglich sein sollte[225].

---

[224] Vgl. STIGLEGGER: *Atemlos.* Teil 2, S. 16
[225] Durch den ganzen Film zieht sich das Motiv der Sekrete und zähen Flüssigkeiten, die hier als Inbegriff der vom Menschen als ekelhaft empfundenen *niederen Materie* inszeniert sind. Eine Parallele organischer und mechanischer Vorgänge wird durch den Vortrag eines Dozenten über Hydromechanik nahegelegt, dem Wloszka beiwohnt. Dieser sagt „Bad liquids are viscous, they flow out from everywhere", während er sich selbst ironischerweise die Nase schneuzt. Michal sinniert später im Drogenrausch: „Maybe thought is a secretion, just like hormones in glands" und weist damit auf die oft verdrängte, „unappetitliche" materielle Verankerung des menschlichen Geistes hin.

Wie oben erläutert war Homo- und Transsexualität unter Schamanen nicht unüblich und die Umkehrung der Geschlechterrollen galt gerade als Zeichen einer besonders großen Überschreitung zur jenseitigen Sphäre. Michal erwähnt zudem in einer früheren Szene gegenüber dem Vater seiner Verlobten, einem Psychiater:

> „Shamans are chosen not from normal people. Preferably from epileptics and hermaphrodites. I'd like to study these processes."

Seiner Verlobten Anna erzählt er auch, Wloszka sei möglicherweise „eine Närrin, eine Heilige oder eine Besessene", in jedem Fall aber habe sie mindestens ein „Stigma". Da der Zuschauer dieses Stigma nie zu sehen bekommt und es auch nicht weiter erwähnt wird, bleibt rätselhaft, was damit gemeint ist. Michal könnte hier vielleicht auf eine intersexuelle Anatomie von Wloszkas Geschlechtsteilen anspielen.

Über den offensichtlichen Bezug zum Schamanismus hinaus ist die Überschreitung der Geschlechterrollen im Sexualakt natürlich als eine schwerwiegende Tabuüberschreitung gegenüber den Normen katholischer Sexualmoral zu werten, deren gesellschaftliche Gültigkeit in SZAMANKA unter anderem durch den Selbstmord von Michals Bruder, einem ob seiner Homosexualität verzweifelten Priester, bezeugt wird. Nach Bataille ist es gerade die „perverse (d. h. von der Genitalität losgelöste) Sexualität"[226] bzw. die zumindest gedanklich vollzogene Loslösung vom Zweck der Fortpflanzung, die das erotische Erlebnis als solches ausmachen und es als *souverän* kennzeichnen[227].

Die sukzessive Überschreitung immer stärkerer Verbote mündet in SZAMANKA schließlich in die Katastrophe. Als sich Michal Wloszka zu entziehen versucht, indem er wie sein Bruder Priester werden will, erschlägt sie ihn – treffenderweise mit einer Dose Hackfleisch, welches mit einem obszönen Geräusch aus der durch den Schlag geöffneten Dose rutscht, während eine große Wunde an Michals Kopf gleichzeitig *dessen rohes Fleisch* offenbart. Wloszka löffelt nun

---

[226] BATAILLE: *Der Begriff der Verausgabung*, S. 12.
[227] Vgl. auch BATAILLE: *Die Erotik*, S. 99.

mit einem kleinen Löffel aus Michals Hirn, der offensichtlich noch lebt, die Augen kurz öffnet und mit der Hand zittert[228].

Die unheimliche sexuelle Triebhaftigkeit Wloszkas schlägt hier endgültig in grausame Gewalt um und sie überschreitet nicht nur das Tötungstabu, sondern auch das noch schwerwiegendere Verbot des Kannibalismus. Darüber hinaus sieht man in einer Parallemontage zu diesem grausigen Schlussakt Michals Mitarbeiter Jules, der von der Mafia an einem pseudo-schamanistischen Graffitti unter einer Brücke gestellt wird und in einer Kurzschlussreaktion einen Behälter mit radioaktivem Material öffnet. Daraufhin wird alles in gleißendes Licht getaucht, auch Wloszka taucht in dieses Licht ein und zum Geräusch einer gewaltigen Explosion wird das Bild sekundenlang völlig weiß. In dem Weiß zeichnet sich langsam die nun ganz mit Blut besudelte, nackte Wloszka ab, die in Trance lachend ihre Hände nach oben hebt. Der Film endet wie schon POSSESSION mit dem durch Sirenen angedeuteten Ausbruch eines kriegsähnlichen Zustands der totalen, archaischen *Gewaltsamkeit*.

Der zerstörerischen und in Gewalt und Tod mündenden Sexualität von DIABEL, NA SREBRNYM GLOBIE und SZAMANKA steht eine überaus emphatische Feier der „wahren Liebe", der *Erotik der Herzen* gegenüber, wie sie Żuławski vor allem im adäquat betitelten L'IMPORTANT C'EST D'AIMER, aber auch in L'AMOUR BRAQUE, MES NUITS und LA FIDELITÉ thematisiert. Ich greife beispielhaft MES NUITS heraus, da sich in diesem Film besonders deutlich der kommunikative Charakter der *Erotik der Herzen* zeigt. Alles dreht sich in diesem Film um die Möglichkeit oder Unmöglichkeit von Kommunikation. Lucas ist ein Informatiker, der *die* Programmiersprache der Zukunft geschrieben hat. Gleich zu Beginn des Films erfährt er jedoch von seinem Arzt, dass er an einem Gehirntumor leidet, der ausgerechnet sein Sprachzentrum nach und nach zersetzen wird. Blanche ist eine Hellseherin mit realen telepathischen und divinatorischen Fähigkeiten, die von ihrem Ehemann, ihrer luxussüchtigen Mutter und einer mafiösen Mode-Schickeria ausgebeutet wird.

Schon vom ersten Moment an, als sich Lucas und Blanche in einem Pariser Café treffen, scheint ein intensives Band zwischen ihnen zu bestehen. Als sie,

---

[228] Zuvor hatte Michal die fast stets wie ein Tier mit Händen und Mund fressende Wloszka dazu genötigt, wie ein Mensch zu essen und einen Löffel zu gebrauchen. Katrin Wlucka bemerkt zurecht die bittere Ironie, die dem Gebrauch des Löffels in dieser Schlussszene anhaftet. Vgl. WLUCKA, S. 33.

von ihm dazu aufgefordert, ihre Sonnenbrille absetzt und die beiden sich lange und tief in die Augen sehen, sagt er: „Ich kriege Herzklopfen", worauf sie lakonisch erwidert: „Wenn's nicht mehr klopft, ist's zu spät" und plötzlich zu weinen anfängt. Wenig später offenbart sie Lucas, dass sie verheiratet ist, worauf er seinen generellen Hass auf Ehepaare bekundet. Doch dann wendet er die Richtung des Gesprächs:

> Lucas: „Ich bin bereit, Sie zu lieben." [...]
> Blanche: „Hören Sie auf!"
> Lucas: „Aber ich kann nicht aufhören. Wenn ich schweige, verliere ich meine Worte. Sie rollen weg, wie die Perlen an einer Schnur..."
> Blanche: „Dann sprechen Sie mit sich allein!"

Doch Blanche wird nicht bei ihrer Abwehrhaltung bleiben. Lucas folgt ihr an die Côte d'Azur, wo sie in einem Kasino Vorstellungen gibt, in denen sie in Trance einigen Zuschauern weissagt. Bei einer Vorstellung tritt er aus dem Publikum hervor, nennt Blanche öffentlich seine Geliebte und sorgt für einen Aufruhr, weil sie sich bei der Séance halbnackt zur Schau stellt. Als er sie danach in der Garderobe aufsucht, reden die beiden das erste Mal in einer poetischen, auf Assoziationen und Gleichklängen basierenden Sprache, die sie im Laufe des Films immer häufiger verwenden[229].

Ausgelöst durch Lucas' schwindende Fähigkeit zur normalen, regelhaften Sprachverwendung und seinen damit einhergehenden Hang, exzessiv zu sprechen, seine Sprache quasi zu *verschwenden*, entsteht ganz in Batailles Sinne eine Form der Poesie, in der die Wörter ihrer zweckhaften Verwendung weitestgehend enthoben sind. Im *souveränen* Spiel mit Worten überschreiten Lucas und Blanche nicht nur die Regeln des Sprachgebrauchs, sondern nähern sich auch immer intimer aneinander an:

> Lucas: „Ich habe eine Art Tempozwang. Ich befreie mich vom Wort. Ich bin eine Badewanne, aus der das Wasser fließt."
> Blanche: „Leeren Sie es auf mich aus!"

---

[229] Vgl. FRÉDÉRIC STRAUSS: *Des mots pour voir*. In: *Cahiers du cinéma* 419. (1989). S. 77-78, S. 77, THOMAS SCHWEER: *Keine Angst zu sterben. Die Filme des Andrzej Zulawski*. Teil 2. In: *Splatting Image* 5 (Dezember 1990). S. 29-32, S. 30f.

Im Vergleich mit Żuławskis anderen Filmen ist MES NUITS wahrscheinlich der sanfteste und am wenigsten drastische. Der Todestrieb, das Prinzip der Entropie ist auch hier wirksam, doch die Selbstüberschreitungen, zu denen er seine Protagonisten treibt, führen sie hier zu einer geglückten Kommunikation, einer *Erotik der Herzen*. Erst ein Vierteljahrhundert später in seinem finalen Film COSMOS wird Żuławski wieder derart hoffnungsvolle Töne anschlagen.

Zum Schluss von MES NUITS gehen Lucas und Blanche zwar in den Tod, doch aus freier Entscheidung. Das gemeinsame Ertränken im Meer wird als romantischer Liebestod zum mystischen Einheitserlebnis, dem Żuławski allerdings eine leise ironische Note verleiht, indem er den kleinwüchsigen Hotelpagen auf einem Motorrad sitzend einen melodramatischen Abschieds-monolog über die Liebenden halten lässt:

> „Weil alle Flüsse ins ewige Meer fließen und weil Blanche ihren Liebsten über alles liebt und weil sie zuviel wissen und doch alles Zufall ist... werden sie... endlich aufgeben und wieder wie die Kinder sein."

Fein herausgeputzt in adretter Kleidung gehen die beiden Hand in Hand ins Meer. Sie küssen sich, während die Wellen über ihnen zusammenschlagen und melancholisch-romantische Musik einsetzt, die zu wechselnden Einstellungen der bewegten Meeresoberfläche überleitet. Auch wenn die Selbstüberschreitungen der Protagonisten hier letztlich doch wieder im Tod münden, steht dieses Ende doch in spürbarem Gegensatz zu den apokalyptischen Enden von TRCEZIA CZESC NOCY, POSSESSION und SZAMANKA und erhält durch die letzte Einstellung des Films, die im *freeze frame* wieder den koboldhaften Hotelpagen zeigt, eine Art *comic relief*.

c) Begegnungen mit dem *Unbekannten*

Der Hotelpage in MES NUITS ist nur eine von vielen Gestalten in Żuławskis Filmen, denen ein übernatürlicher oder zumindest rätselhafter Charakter zu eigen ist. Mit Ausnahme von NA SREBRNYM GLOBIE beginnen alle Filme Żuławskis in realistischen historischen oder gegenwärtigen Milieus. Oft überschreiten diese Filme jedoch den realistischen Rahmen durch Einbrüche des Phantastischen in die Handlung. Ganz im Sinne von Deleuze' idiosynkratischer Definition des „Naturalismus" im Triebbild übersteigert Żuławski den Realismus, „indem er ihn zu einem eigentümlichen Surrealismus weitertreibt"[230].
In der Konfrontation mit fantastischen, rätselhaften oder ausdrücklich übernatürlichen Wesen und Personen erleben seine Protagonisten Begegnungen mit etwas Jenseitigem und Unerklärlichen, möglicherweise mit Gott oder, wie in DIABEL, dem Leibhaftigen. All diese Wesen lassen sich als Verkörperungen des mysteriösen *Unbekannten* interpretieren, von dem Bataille spricht. Das *Unbekannte* in diesem emphatischen Sinne ist jener Teil des Universums, der dem rationalen menschlichen Verstand prinzipiell verschlossen bleibt und der nur in mystischen Zuständen wie der Ekstase erfahren werden kann.
Im Fall des Hotelpagen in MES NUITS offenbart sich erst nach und nach sein rätselhafter und quasi übernatürlicher Charakter. Das erste Mal begegnet Lucas ihm, als er im Grand Hotel eine Suite bezieht und der Page ihn dorthin führt. Zunächst hebt ihn nur seine Kleinwüchsigkeit äußerlich von den anderen Figuren ab. In Lucas' Suite spielt sich dann jedoch eine höchst bizarre Szene ab. Der Page bittet Lucas um Trinkgeld, da er angeblich herzkrank sei. Lucas gibt es ihm und fragt ihn daraufhin unvermittelt, wo denn „Pipsi, die Spürnase" sei. Zur Verblüffung des Zuschauers holt der Page daraufhin aus der Tasche seiner Uniform ein kleines Wiesel hervor und reißt bedeutungsvoll die Augen auf. Diese später auch nicht weiter aufgegriffene Szene wirkt hochgradig surreal und führt den Pagen als rätselhafte und potentiell unheimliche Figur ein.
Als Lucas zu einem späteren Zeitpunkt beim diensteifrigen Portier nach dem Pagen fragt, äußert dieser, das wisse niemand so genau, der Page „ist nicht an seinem Platz". Bei seinem nächsten Auftritt bringt der Page Lucas unerwar-

---

[230] DELEUZE: *Das Bewegungs-Bild*, S. 172.

tet zwei lebende Krebse in die Suite. Er tritt im Verlauf des Films immer deutlicher als eine Art magischer Helfer für Lucas auf, wäscht ihn beispielsweise mit einem Waschlappen und erteilt ihm Rat.

Außerdem hat er offensichtlich Zugang zu Lucas' Gedächtnis oder seinem Unbewussten. So führt er in einer Szene einen riesigen blauen Stofftierhasen in die Hotelsuite, ein gigantisches Double des Stofftiers, das Lucas in seinen traumatischen Kindheitserinnerungen auf dem Arm hält. Schließlich offenbart der Page Lucas gegenüber ganz beiläufig: „Ich bin seit zwei Jahren tot. Mir kann nichts mehr etwas anhaben".

Möglicherweise ist der Page für Lucas also eine Art Wegbegleiter in den Tod, zumal er ja auch den Schlussmonolog spricht und ganz am Ende des Films zu sehen ist, nachdem sich Lucas und Blanche im Meer ertränkt haben[231]. In dieser Funktion als Mittler und Wegweiser zwischen Diesseits und Jenseits erinnert er stark an die Hilfsgeister im Schamanismus. Ebenso sprechen seine Assoziation mit Tieren und seine zwergenhafte Gestalt für seine Zugehörigkeit zu einer jenseitigen Sphäre.

Rat von einem Toten erhält auch Michal in SZAMANKA. Michal ist auf einem Drogentrip, sitzt allein im Labor vor der Mumie des Schamanen und fängt schließlich an, auf diese einzureden. Plötzlich wird das Bild von einem gleißenden Licht aufgehellt, die Mumie richtet sich in ihrem Glaskasten auf und beginnt Michal zu antworten. Der untote Schamane erzählt ihm, wie er von einer anderen Schamanin in den Sumpf gestoßen worden sei, nachdem sie ihn heimlich vergewaltigt und ihm dadurch seine Kraft geraubt habe. Ihr Dialog endet mit der düsteren Feststellung des Schamanen: „Any god is the god of death".

Michals Kommunikation mit dem Geist des Schamanen hebt kurzzeitig die Grenze zwischen Diesseits und Jenseits auf. Wie die Schamanen in ihren Séancen Kontakt mit ihren Ahnen aufnahmen, dringt nun Michal in das Zwischenreich von Diesseits und Jenseits vor und spricht mit der Mumie. Das gleißende Licht, in das das Labor für die Dauer des kurzen Gesprächs getaucht ist, und die ekstatisch entrückte Mimik Michals heben den transzendentalen Überschreitungscharakter der Szene hervor. Da sich Michal dabei im Drogenrausch

---

[231] Schweer beschreibt den kleinwüchsigen Pagen und den ebenfalls rätselhaften Portier treffend als „[z]wei obskure Gestalten, die allwissend und weise, wie Todesengel die letzten Vorkehrungen zu treffen scheinen." SCHWEER: *Keine Angst zu sterben.* Teil 2, S. 30.

befindet – auch das natürlich ein Anklang an schamanistische Rituale – bleibt der „objektive" Realitätsgrad des Ereignisses jedoch zwangsläufig offen.
Zu diesem Zeitpunkt ist die Mumie des Schamanen für Michal bereits zum *Fetisch* geworden, sie verkörpert für ihn nämlich in doppelter Weise ein Partialobjekt aus der Ursprungswelt. Einerseits ist die Mumie buchstäblich ein Relikt aus einer archaischen Zeit, andererseits repräsentiert sie als teilversehrte Leiche den korrodierten Menschen. Wenn er in der zuvor beschriebenen Szene kurzzeitig zum lebenden Toten wird, nimmt er damit die parasitäre Rolle des personifizierten Fetisches an, wie Deleuze sie anhand des Vampirs beschreibt. Tatsächlich „infiziert" er Michal von Beginn an mit der tödlichen Obsession für eine Frau, die ihn selbst das Leben gekostet hat. An Michal vollendet sich nun das gleiche Schicksal wie an ihm: wie der mumifizierte Schamane wird auch er von der Schamanin, in diesem Fall Wloszka, vergewaltigt und schließlich rituell getötet. In der Wiederholung des gleichen Schicksals zeigt sich die *entropische Zeit* des Triebbilds in ihrer zyklischen Ausprägung, wobei der Fokus auf Tod und Niedergang bestehen bleibt.
Während der Portier in MES NUITS eindeutig eine positive Figur ist und der Schamane in SZAMANKA eher unfreiwillig zum Ausbruch der triebhaften *Gewaltsamkeit* wird, dominieren in anderen Filmen Żuławskis Inkarnationen des *Unbekannten* die Handlung, die durch und durch furchteinflößende und monströse Züge tragen.
Ein offenkundiges Beispiel dafür ist der Teufel in DIABEL. Obwohl der Zuschauer sich bereits nach kurzer Zeit denken kann, auf welchen Charakter der Titel des Films gemünzt ist, offenbart sich der übernatürliche Charakter des Teufels anfangs eher indirekt, indem er etwa immer wie aus dem Nichts kommend bei Jakub erscheint, wenn dieser in Schwierigkeiten ist oder einen weiteren Mord begeht. Die wahre Natur des Teufels offenbart sich den Figuren allerdings erst ganz zum Schluss des Films, als er von einer Nonne erstochen wird.
Er läuft stöhnend ein paar Schritte und bricht schließlich mit dem Gesicht nach unten liegend zusammen. Als die Nonne ihn umdreht, ist sein Gesicht von dichtem Haar bewachsen wie das eines Werwolfs. Kurz darauf liegt an seiner Stelle nur noch die Leiche eines Wolfes. Die Transformation zum Tier deutet hier auf

eine Überschreitung zu einer anderen Welt hin[232]. Durch die Tötung der menschlichen Erscheinung des Teufels offenbart sich sein wahres Wesen. Das Tierische, *Wölfische*, deutet auf seine Zugehörigkeit zur Welt des Triebs bzw. der *Gewaltsamkeit*.

In DIABEL ist das Unbekannte zwar sehr bedrohlich, erscheint allerdings in einer christlichen Ländern wohlbekannten Manifestation, eben als Teufel[233]. Dagegen tauchen in NA SREBRNYM GLOBIE und POSSESSION Inkarnationen des *Unbekannten* auf, die nicht so eindeutig auf eine kulturelle Folie zu beziehen sind und daher in gewisser Weise noch weitaus furchterregender sind als der Teufel.

In NA SREBRNYM GLOBIE sind es die bereits mehrfach erwähnten Scherne, die das *Unbekannte* in seiner bedrohlichen und angsteinflößenden Form repräsentieren. Die menschlichen Bewohner des silbernen Planeten stoßen das erste Mal auf die Scherne, nachdem sie über ein Meer gefahren sind, also eine topologische Grenzüberschreitung vollzogen haben. Fast die gesamte zweite Hälfte des Films handelt vom Krieg der Menschen gegen diese Wesen. In gleichem Maße, wie sich dieser Krieg auf realen Schlachtfeldern abspielt, ist er jedoch ein geistiger, innerer Kampf, denn die wahre Gefahr, die von den Schernen ausgeht, liegt in ihrer Fähigkeit, direkt auf die menschliche Seele zugreifen zu können. So unterrichtet der Hohepriester Malahuda den vermeintlichen Erlöser Marek mehrmals über die unheimliche Natur der Scherne:

> Malahuda: „Die menschliche Seele nimmt den Schern in sich auf. Sie macht ihn sich zu eigen, rechtfertigt seine Taten."
>
> Malahuda: „Scherne können mit ihrem Auge alles sehen, Menschen erscheinen ihnen als Krüppel. Sie spielen mit ihrem Auge, dann sehen wir alles."
> Marek (*irr lachend*): „Alles? Nichts! Nichts!"
> Malahuda: „Manche Gelehrten meinen, dass es sie gar nicht gäbe. Dass sie nur eine Widerspiegelung von uns selbst seien."

---

[232] Vgl. MARCUS STIGLEGGER: *Humantransformationen – Das Innere Biest bricht durch. Zum Motiv des Gestaltenwandels im Horrorfilm.* In: CLAUDIO BIEDERMANN UND CHRISTIAN STIEGLER (Hg.): *Horror und Ästhetik. Eine interdisziplinäre Spurensuche.* Konstanz 2008, S. 30-49, S. 30.

[233] Dies ist möglicherweise auf den parabelhaften Charakter des Films zurückzuführen. Auch stehen in DIABEL tendenziell politische und gesellschaftliche Aspekte der hervorbrechenden Gewaltsamkeit im Mittelpunkt, während in NA SREBRNYM GLOBIE und POSSESSION das Thema Religion mehr Raum beansprucht.

Die Begegnung mit einem Schern hat für die Menschen den Charakter einer Selbstüberschreitung. Es kommt offensichtlich zu einer Art seelischer Verflechtung mit dem Schern, die menschliche Seele „nimmt ihn auf". Aber in der Begegnung mit dem Schern erblickt der Mensch auch in einer Art mystischen Schau „*Alles*" bzw. „*Nichts*".
Diese Beschreibung erinnert stark an die zwei Stufen der inneren Erfahrung, die *Ekstase vor dem Objekt* und die *Ekstase in der Leere*, wie Bataille sie beschreibt. Die Andeutung Malahudas, dass es sich bei den Schernen auch um bloße Widerspiegelungen der Menschen handeln könnte, eröffnet die Möglichkeit, die Scherne als Projektion des Menschen zu begreifen. Die Begegnung mit ihnen wäre dann eine Begegnung des Menschen mit dem *Unbekannten* in sich selbst[234]!
Als Marek schließlich am Strand dem Schern Awij begegnet, hat auch er ein ekstatisches Erlebnis, von dem seine wilde Gestik und seine heftig hervorgestoßenen Worte zeugen. In Mareks Rede offenbart sich wieder die Unbegreifbarkeit der Scherne; es bleibt unklar, ob der Schern seine Projektion und damit ein Teil seiner selbst ist oder ein anderes Wesen, mit dem Marek lediglich in telepathischem Kontakt steht. In jedem Fall löst die Begegnung mit Awij bei Marek ein mystisches Einheitserlebnis aus, eine Überschreitung seiner abgetrennten Individualität:

> „Du bist ich, ich bin du, alles ist identisch. Selbst, wenn ich denke, dass ich mit dir spreche, rede ich mit mir selbst. Du bist das Tor, das Licht der letzten Schwelle... Das ist alles Unsinn... Was? Was? Womit? Was ist das? Diesen Begriff kenne ich nicht, das verstehe ich nicht. [...] Jetzt kann ich nur noch Blitze erkennen... Nein... Licht... Warum wiederholst du... Gott... Warum Tod? Warum Auferstehung? Komm zurück! In dir ist Erlebnis, weil du nicht verschlossen bist. In der Macht löst du die Zeit, die Luft und den Widerspruch. Und die Tiere löst du auf... Ich bin ein Tier unter anderen, ein Wolf im Walde..."

---

[234] „Die eigene Feigheit, das Böse nicht in sich erkennen zu wollen, ruft Wesen ins Leben, die das Böse in sich vereinigen. Scherne, Vogelmenschen, die den Tod bringen, in Wirklichkeit aber völlig regungslos bleiben. Die Menschen glauben in ihnen die Wahrheit zu erkennen, verkörpern sie doch einen Zustand, der die Freiheit sein könnte: die Ewigkeit. Die Scherne knechten die Menschen, sind die Gitterstäbe des Gefängnisses ihrer eigenen Freiheit." SCHWEER: *Keine Angst zu sterben*. Teil 1, S. 12.

Teilweise hören sich Mareks Äußerungen in Ekstase an wie mystische Lobpreisungen Gottes. Als Awij ihn mit seinen Flügeln umfasst, macht er sich jedoch los und flieht. Er nimmt den Schern schließlich gefangen und befragt ihn wenig später in einer Felsenhöhle, wo dieser an die Wand gekettet ist. Die Befragung des Scherns gerät jedoch völlig außer Kontrolle, da Marek immer mehr in Raserei gerät.

> „Sag schon, wenn es in uns eine Wandlung vom Sichtbaren ins Unsichtbare gibt, wie geht sie dann vor sich? [...] In allem, was es gibt, ist ein wenig Wahrheit. Ich soll tun, was ich will? Du sagst das mit soviel Verachtung? Warum? [..] Du hast von einem Namen für alle Dinge gesprochen, von einer Regel, einer Antwort. Wo ist der Ort, wo alles eins wird?"

Er wird plötzlich, wie von einer unsichtbaren Kraft zurückgeworfen, stöhnt wie unter einem heftigen Schlag auf und taumelt rückwärts.

> Marek: „Ich verstehe nicht. Sprich weiter. Ich verstehe gar nichts. Ich spüre Angst, Chaos. [...] Die Bewegung der Bewegung, die Bewegung des Willens. Ich. Was willst du sagen? Das Irrationale der Sklaverei. Eine Art von Ritualmorden an Menschen als Ziel? Macht als Ziel? Grausamkeit als Tugend?"

> Awij (*mit tiefer, durchdringender Stimme*): „Du bist ein Tier und ich auch. Ich bin im Einklang – du nicht. Ich bin eine Widerspiegelung deines Innern. Du bist keine Widerspiegelung meines Innern."

Marek gerät nun völlig in Ekstase, stürzt taumelnd hin und her, wälzt sich an einer Felswand entlang und redet immer schneller, wobei sich seine Stimme überschlägt und sich schließlich wie eine Mischung aus Schreien und Gelächter anhört. Seine Worte zeugen dabei von seinem tiefen mystischen Erleben einer *Kontinuität des Seins*:

> „Ich sehe Wahrheit... das Böse... das sind Worte ohne Bedeutung. Ich sehne mich nach diesem Schmerz. Ich fühle mich mit euch verschmelzen, Felsen, Wasser... Ich fühle eure Durchsichtigkeit. Ich sehe... den Ozean. Du hast mir seine Schönheit gezeigt."

Er stürzt zu Boden, die Kamera zeigt eine Großaufnahme seines Gesichts, während er mit dem Kopf hin und her zuckende Bewegungen vollzieht und immer schneller werdend mit unnatürlich schriller Stimme weiterspricht:

„Sprich langsamer, sprich langsamer. Er öffnet sich, langsamer..." (*schreit*): „Ich bin auf der Schwelle. Es tut weh, nicht so schnell." (*zu Awij*): „Du bist schön... du bist göttlich... Ich liebe dich. In deiner Weisheit möchte ich verschwinden."

Marek droht, dem Schern völlig zu erliegen, doch seine Geliebte Ihezal eilt herbei und ruft ihm zu, Awij wolle ihn töten, woraufhin Marek zunächst erwidert: „Das ist Gott!" und Ihezal schlägt. Sie wälzen sich jetzt zu zweit ekstatisch an der Felswand entlang und küssen sich schließlich. Marek entkommt knapp dem Tod, den eine fortgesetzte Kommunikation mit dem Schern für ihn bedeutet hätte.

Die Begegnung mit Awij trägt die Züge einer ins Alptraumhafte verkehrten *unio mystica*. Mareks zuletzt geäußerte Bekundungen seiner Liebe zu Awij, die Begriffe des Öffnens und Einlassens und die konvulsivischen Bewegungen Mareks verleihen der kaum mehr als Gespräch zu bezeichnenden Szene eher den Charakter einer gewaltsamen sexuellen Begegnung, gewissermaßen einer spirituellen Vergewaltigung.

Dieser sexuelle Aspekt wird auch durch die bereits erwähnte erotische Anziehungskraft der Scherne auf Frauen betont. Die Scherne repräsentieren hier eine archaische *Gewaltsamkeit*, sie fordern telepathisch Ritualmorde und stecken die Menschen mit ihren dunklen Trieben an, so etwa Marek, der Ihezal plötzlich schlägt, so aber auch die Frauen, die sich den Schernen in Wollust hingeben. Tragischerweise erliegt Ihezal, die Marek zunächst vor Awij rettet, später selbst der abgründigen Erotik dieses Scherns. Awij erscheint Marek als Gott und sowohl das *eine* Auge der Scherne als christliches Symbol Gottes[235], als auch die zoomorphe, in diesem Fall vogelähnliche Gestalt weisen auf den potentiell göttlichen Charakter dieser Wesen hin. Andererseits unterstreicht eine Bemerkung Malahudas zu Marek direkt nach der eben geschilderten

---

[235] Vgl. MARIANNE OESTERREICHER-MOLLWO (Hg.): *Herder-Lexikon Symbole*. 9. Auflage. Freiburg im Breisgau 1978, S. 20.

Szene noch einmal, dass die Scherne auch Projektionen der Menschen sein könnten:

> „Den Schern in sich selber kann man nicht besiegen. Wenn du mit dem einen nicht fertig wirst, wie willst du dann Tausende besiegen?"

Zu einem späteren Zeitpunkt befiehlt Marek, Awij frei zu lassen, und dieser ist kurz neben Marek und Ihezal am Strand stehend mit einer Dornenkrone zu sehen. Vor dem Hintergrund von Malahudas Äußerungen und Mareks späterer Kreuzigung, bei der auch Awij plötzlich wieder erscheint, stellt sich die Frage, ob dieser Schern nicht eine Art dunkles *alter ego*, ein quasi Jung'scher Schatten Mareks selbst ist.

Nach der Eroberung der Stadt der Scherne macht Marek eine bizarre Entdeckung, die darauf schließen lassen könnte, dass es sich bei den Schernen eigentlich um eine Art Maschinen (!) handelt: in einem Haus der Schernstadt finden sich riesige Büroschränke voller Lampen, die sich als die Augen und gleichzeitig Gehirne der Scherne erweisen.

Letztlich werden jedoch alle Erklärungsversuche für das Wesen der Scherne in der Schwebe gehalten und bleiben daher hochgradig ambivalent. Die Scherne existieren außerhalb rationaler Verstehensmuster und stellen auf diese Weise geradezu idealtypische Manifestationen des *Unbekannten* dar, das eben gerade wegen seiner prinzipiellen Unfassbarkeit unterschiedlich interpretiert werden kann.

Im Rahmen des Triebbilds stellen die Scherne als monströse Inkarnationen und Verbreiter von Gewalt und triebhafter Sexualität personifizierte Fetische dar. Die Scherne können mit Bataille aber auch als vom Menschen projizierte *Objekte der Ekstase* aufgefasst werden, die den Menschen als Schwelle zur „Nacht" der *Ekstase in der Leere* dienen, in der sich alles Benennbare und Darstellbare völlig auflöst.

Nimmt man für die Scherne einen übernatürlichen bzw. göttlichen Charakter an, so ließen sich auch Analogien zum Geschlechtsverkehr mit Geistern im Schamanismus und der christlichen *unio mystica* ziehen. In jedem Fall erscheint die Begegnung mit dem Unbekannten in Na srebrnym globie als alptraumhaft und furchterregend, eine Tendenz, die sich nahtlos in Possession fortsetzt.

Das schleimige, tentakelbewehrte Wesen in POSSESSION wird in vielen Kritiken des Films mit den von H. P. Lovecraft erdachten Monstern verglichen[236]. Ähnlich wie diese kann es als Repräsentation eines organischen Protoplasmas, einer furcht- und ekelerregenden *niederen Materie* aufgefasst werden, die zugleich Zerfallsprodukt und Urschleim des Lebens ist[237]. Während die natürlichen Reaktionen der vier Männer, die das Monster entdecken – die beiden Detektive, Heinrich und Mark – Entsetzen und Ekel sind, wirkt das Monster auf Anna äußerst erotisch.

Dies entspricht ihrer generellen „Ansteckung" mit dem Todestrieb und der daraus als *Symptom* ableitbaren Faszination für *Fetische* der Zerstückelung und Auflösung. Neben dem rohen Hackfleisch, das Anna ekstatisch knetet und den zerstückelten Leichen in ihrer geheimen Zweitwohnung ist das Monster selbst nämlich ein personifizierter Fetisch. Bezeichnenderweise füttert Anna das Monster mit Leichenteilen und dieses verwandelt sich im Laufe der Zeit, wobei es immer menschenähnlicher wird, bis es in seiner finalen Form schließlich Marks Gestalt angenommen hat. Es repräsentiert also auch einen Kreislauf des Werdens[238].

Der fertige Doppelgänger Marks wird jedoch selbst wieder zum Subjekt von zerstörerischen Triebhandlungen und erscheint am Ende des Films geradezu als Vorbote der Apokalypse, wenn er als bedrohlicher Schatten hinter Helens halbtransparenter Glastür steht, während Bomben auf Berlin niedergehen. Daher hat der zyklische Aspekt des aus Leichen neu entstandenen Menschen

---

[236] Vgl. STIGLEGGER: *Atemlos*. Teil 1, S. 23, und STEPHEN THROWER: *Zulawski's POSSESSION. The sleep of Reason Produces Monsters*. In: STEPHEN THROWER (Hg.): *Eyeball Compendium. Writings on sex and horror in the cinema from the pages of Eyeball Magazine, 1989-2003*. Godalming, Surrey. S. 374-381, 378f.

[237] „Il est bien sûr, la matière elle-même, la matière primitive et immonde, déroulant ses membres vermiculaires et sanglants; la matière dont le jeune Socrate refusait d'admettre [...], qu'il pût en exister une forme éthérée, dans le ciel des idées." PASCAL BONITZER: *Inferno*. In: *Cahiers du cinéma* 326. (1981). S. 50-51, S. 50.

[238] Anna Powell zieht zudem eine Parallele zwischen den Monstern der Horrorfilme, die ihre Gestalt verändern oder deren Gestalt undefiniert und wabernd erscheint, und den Konzepten des „Werdens" und des „Körpers ohne Organe" aus Deleuze' (und Guattaris) Philosophie. Vgl. ANNA POWELL: *Deleuze and Horror Film*. Edinburgh 2006, S. 62-64, 78-80.

hier nichts Hoffnungsvolles, sondern entspricht vielmehr den zyklischen Katastrophen der *entropischen Zeit*, wie sie Deleuze in Buñuels Filmen verkörpert sieht[239].

Die Verwandlung des unförmigen, gallertartigen Wesens in einen Menschen stellt auf eher erschreckende Weise den evolutionären Prozess gärenden Lebens dar und rückt gerade dessen zerstörerischen Aspekt in den Vordergrund: das Monster muss mit immer neuen Leichen gefüttert werden! Insofern kann es auch als materielle Inkarnation des Dionysischen, des reinen Werdens und Vergehens betrachtet werden. Żuławski selbst hat in Interviews übrigens auch eine Parallele zur jüdischen Sage vom Golem gezogen, dem künstlich aus Lehm geschaffenen Menschen, der die Schöpfung Gottes zugleich imitiert und lästert[240].

Generell kann dem Monster in POSSESSION ein transzendentaler, wenn nicht sogar *göttlicher* Charakter zugesprochen werden, was sowohl der Dialog des Films, als auch die Art der Entstehung des Monsters nahelegen. Anna hat die Kreatur, die später ihr Liebhaber wird, nämlich selbst geboren. Sie ist die physische Inkarnation einer geistigen Heimsuchung, eben der *Besessenheit*, von der der Titel des Films spricht.

Diese Besessenheit Annas entspringt einer tiefen existenziellen Krise, die auch eine des Glaubens ist. Ebenso wie POSSESSION auf emotionaler, familiärer und politischer Ebene von der Trennung zwischen Menschen handelt, geht es in dem Film auch um das Gefühl der Trennung des Menschen von Gott, um den Verlust des Glaubens und allgemein die Suche nach transzendentaler Erfahrung. Offensichtlich hängt die Entfremdung Annas von Mark eng mit ihrem Gefühl der „transzendentalen Obdachlosigkeit" zusammen. Daraus erklärt sich auch ihre vorläufige Hinwendung zu dem als lächerlich karikierten New-Age-Guru Heinrich. In einem Video, das Heinrich von ihr gedreht hat und das sie später Mark zukommen lässt, offenbart Anna unter Tränen ihre existenziellen Ängste um ihren Glauben:

---

[239] Vgl. DELEUZE: *Das Bewegungs-Bild*, S. 181. Für Stiglegger stehen die Motive der zyklischen Wiederholung und der Doppelgänger bei Żuławski als „Sirenengesang ‚des Todes selbst'" im Dienste einer „radikalen Todesvision". STIGLEGGER: *Atemlos. Teil 1*, S. 26.

[240] Vgl. BONITZER: *Entretien avec Andrzej Zulawski*, S. 42f, BIRD: *Gott in Gestalt einer verrücktgewordenen, öffentlichen Hure*, S. 8.

„I recognise the self that has just done something horrible like this sister I've casually met in the street. ‚Hello Sister!' It's like those two sisters of faith and chance... [...] Well faith can't exclude chance but chance... oh sh.. It's like those two sisters of faith and chance... My faith can't exclude chance, but chance can, can't explain faith. My faith didn't allow me to wait for a chance and chance didn't give me enough faith. Well and then I read that private life is a stage only. I'm playing in many parts that are smaller than me and yet I still play them. I suffer, I believe, I am... But at the same time I know, there's a third possibility... like cancer or madness. But cancer or madness contort reality. The possiblitiy I'm speaking about *pierces* reality!"

Später erzählt sie in einem Zustand äußerster Erregtheit Mark noch einmal von ihrer existenziellen Krise und erwähnt wieder die zwei Schwestern „Glaube" und „Chance / Zufall", wobei sie konvulsivische Verrenkungen macht, schluchzt und schreit:

„I messed everything up! Even Bob! I felt a cheat... liar... completely alone... walled in... and you think I'm immoral? Shit!!! [...] I felt nothing! For no one!!! Damned! It's as if the two sisters where too exhausted to fight anymore. You know these women wrestling in an arena of mud with their hands locked at each other's throats, each waiting to see who'll die first... and both staring at me!"

Darauf folgt – nun anstelle ihrer mündlichen Erzählung – eine knapp fünfminütige Sequenz, die Anna erst in einer Kirche auf dem Höhepunkt der Verzweiflung zeigt und anschließend die Geburt des Monsters in einem U-Bahn-Tunnel, die wohl berühmteste (und berüchtigtste) Szene in Żuławskis Œuvre[241]. Zunächst sehen wir eine Untersicht auf das hölzerne Antlitz Christi, dann eine Aufsicht auf Anna in der Kirche, die mit ängstlicher Miene zu dem Holzkreuz

---

[241] Diese „U-Bahn-Szene" ist nicht nur aufgrund der außergewöhnlichen Schauspielleistung Isabelle Adjanis, sondern auch wegen ihrer unklaren Bedeutung die meistdiskutierte und -interpretierte Szene in POSSESSION. So besteht etwa Uneinigkeit darüber, wann diese Szene stattfindet, ob sie überhaupt die Geburt des Monsters darstellt und ob sie so, wie der Zuschauer sie zu sehen bekommt, als objektive Rückblende, (subjektive) Erinnerung Annas oder gar als (subjektive) Imagination Marks zu verstehen ist. Vgl. THROWER: *Zulawski's POSSESSION*, S. 380f. Diese Unklarheit ist in jedem Fall beabsichtigt. Wie aus einem Interview mit Żuławski hervorgeht, waren ursprünglich drei voneinander verschiedene Versionen der Szene im Drehbuch vorgesehen, die der jeweiligen Imagination unterschiedlicher Zuhörer entsprechen sollten, denen Anna von der Geburt des Monsters erzählt. Vgl. BONITZER: *Entretien avec Andrzej Zulawski*, S. 43.

emporschaut und leise wimmert. Diese Perspektiven wechseln sich noch einmal nach dem Schuss-Gegenschuss-Prinzip ab. Annas Wimmern wird immer lauter und verzweifelter und steigert sich zu einem Schluchzen, das laut in der Kirche nachhallt. Ihr Gebet bleibt offensichtlich unerhört und sie befindet sich in einem „Zustand der Entblößung, des Flehens ohne Antwort", wie ihn Bataille als Voraussetzung der *Ekstase in der Leere* beschreibt[242].

Nach einer kurzen Einstellung, die Anna zeigt, wie sie die Kirche verlässt, sehen wir sie am Platz der Luftbrücke aus der U-Bahn kommend eine Rolltreppe hochfahren. Sie fängt plötzlich an, hysterisch zu lachen, stolpert an die Wand des U-Bahn-Tunnels und reibt sich wie wild daran. Ihr wahnsinniges Lachen geht in schrille Schreie über und sie klatscht ihre Lebensmitteleinkäufe mit einer schwungvollen Bewegung an die Wand, so dass sie sich damit von Kopf bis Fuß besudelt. Dabei steigert sich ihre Ekstase immer mehr, sie führt eine Art besessenen, konvulsivischen Tanz auf, wirft Kopf und Arme durch die Luft, taumelt, fällt hin und wälzt sich am Boden hin und her, nur um wieder aufzustehen, wobei sie ununterbrochen keucht und schreit.

Nach einem Schnitt sieht man sie immer noch keuchend und mit entrücktem Blick auf dem Boden knien und Brei erbrechen, während zwischen ihren Beinen eine Lache aus Blut größer wird und sie einen letzten, markerschütternden Schrei ausstößt.

Ein abrupter Schnitt führt den Zuschauer zurück in Marks Wohnung, und der Dialog von Mark und Anna lässt darauf schließen, dass das vorangegangene Geschehen Teil von Annas Erzählung war:

> Anna: „What I miscarried there was Sister Faith, and what was left is Sister Chance. So I had to take care of my faith – to protect it."
> Mark: „And that's what you're doing there?" [*in ihrem Appartment, d. A.*]
> Anna: „Yes."
> Mark: „You look uglier. You've hardened. For the first time you look vulgar to me."

Annas Ekstase im U-Bahn-Tunnel ist also der Moment der Geburt – oder Fehlgeburt, wie sie selbst sagt – des Monsters, das sie als „Sister Faith", ihren

---

[242] BATAILLE: *Die innere Erfahrung*, S. 26.

personifizierten Glauben bezeichnet. Es spricht jedoch einiges dafür, dass das Monster Gott selbst sein könnte, wie auch Daniel Bird schreibt:

> Die traditionelle Theologie behauptet, dass Gott sowohl Teil der sichtbaren Welt ist, sie aber gleichzeitig auch übersteigt. Wenn Anna die Kreatur aus sich herauspresst – ein Produkt ihres gequälten Denkens – dann beginnt dieses „Denken", einmal auf die Welt gebracht, „für sich selbst zu denken" – was exakt dem entspricht, wie Aristoteles „Gott" definierte. Könnte man Annas Kreatur also als „Gott" deuten? Und wenn schon nicht als den „Vater", dann vielleicht wenigstens als „den Sohn"? Immerhin ist Annas Erlebnis in der U-Bahn ja auf gewisse Weise eine „jungfräuliche Geburt"...[243]

Auch Annas Vorliebe für blaue Kleider lässt sich ikonographisch als Symbol Marias deuten[244] und ihr Mann Mark heißt bezeichnenderweise mit Nachnamen Zimmermann, eine mögliche Anspielung auf den Beruf Josefs. Annas „geistige Schwangerschaft", die zu einer physischen Geburt führt, erinnert stark an die mittelalterliche Frauenmystik, zumal auch für Anna die Kreatur zugleich Sohn und Geliebter ist, wie für die Mystikerinnen, die sich einerseits mit Maria identifizierten und mit Christus schwanger fühlten, andererseits diesen als ihren Geliebten betrachteten. In POSSESSION werden die christlich-mystischen Motive der marienhaften Geburt Gottes und der sexuellen Vereinigung mit Gott allerdings in blasphemischer Weise travestiert, indem sie aus der betont geistigen Sphäre der Nonnenmystik in eine sinnlich-materielle übertragen werden.

Annas Kreatur ist kein ätherisches Geistwesen, sondern ein schleimiges, widerwärtiges Etwas aus Fleisch und Blut, dessen bloße Präsenz die Menschen, die es zu Gesicht bekommen, nachhaltig verstört. Ironischerweise ruft der zweite Detektiv, der seinem verschwundenen Kollegen nachspürt, „Mein Gott!" aus, als er das blutverschmierte Monster sich auf Annas Bett räkeln sieht, kurz darauf, als er die Leiche seines Kollegen und Lebenspartners erblickt, „Emmanuel", vordergründig dessen Eigenname, aber auch ein Beiname des christlichen Heilands. Explizit wird die Möglichkeit, dass das Monster göttlicher Natur

---

[243] BIRD: *Gott in Gestalt einer verrücktgewordenen, öffentlichen Hure*, S. 9.
[244] Vgl. SABINE POESCHEL: *Handbuch der Ikonographie. Sakrale und profane Themen der bildenden Kunst*. 3. Auflage. Darmstadt 2009, S. 116.

ist, in einem Dialog von Mark mit Heinrich thematisiert, nachdem dieser das Monster entdeckt hat:

> Heinrich: „It was anormal. It wasn't even human. It was..."
> Mark: „Divine? Perhaps you met God a moment ago and you didn't even realize it."

Mark spielt hier möglicherweise auf ein früheres Gespräch mit Heinrich an, das sich ebenfalls auf die Natur des Monsters aber auch auf das generelle Thema einer religiösen Krise beziehen lässt:

> Heinrich: „There is nothing to fear, except God. Whatever that means to you."
> Mark: „For me God is a disease."
> Heinrich: „That's why through the disease we can reach God."

Ähnlich wie die Scherne in NA SREBRNYM GLOBIE lässt sich das Monster in POSSESSION nicht eindeutig fassen, es stellt vielmehr die beunruhigende Gegenwart von etwas Unbekanntem und Unerklärlichem aus einer jenseitigen Sphäre dar. Sowohl die Scherne, als auch das Monster lassen sich einerseits als Fleisch gewordene Emanationen der menschlichen Psyche begreifen, andererseits aber auch als übernatürliche, vielleicht sogar göttliche Wesen. Das Transzendente, möglicherweise Gott selbst, erscheint hier als etwas Grauenerregendes und Widerwärtiges.

Dieses Motiv des grausigen Gottes kehrt auch in LA FEMME PUBLIQUE in Form eines versteckten Filmzitats aus Ingmar Bergmans SÅSOM I EN SPEGEL (Schweden 1961) wieder. Weil Lucas Kesling (Francis Huster), der Regisseur einer Verfilmung von Dostojewskis *Die Dämonen* nie mit dem Ergebnis zufrieden ist, muss die Schauspielerin Ethel (Valerie Kaprisky) eine Szene immer wieder spielen, in der sie von einer riesigen Spinne spricht, die in einem Wandschrank sitzt. Erst gegen Ende von Żuławskis Film gelingt (auf intradiegetischer Ebene!) das Take der Szene und Ethel spricht in einem tranceartigen Zustand ihren bedeutungsvollen Text zu Ende:

> „Was Sie wollen, ist mich hier einsperren mit Ihnen zusammen und mir zeigen, dass dort in der Ecke auf dem Boden eine riesige Spinne sitzt von der Größe eines Mannes. Und wir werden den Rest unseres Lebens damit verbringen,

dieses Tier unentwegt anzustarren, es zu bewundern, es kennen zu lernen. Dieses Tier wäre... es wäre... es wäre... es wäre... Gott..."

In SÅSOM I EN SPEGEL erscheint einer psychisch kranken Frau Gott in Form einer riesigen Spinne. Während in Bergmans Film die vorgestellte Epiphanie Gottes als Spinne höchst unheimlich und erschreckend erscheint, ähnlich wie die Scherne oder das Monster aus POSSESSION, steht in der geschilderten Szene aus LA FEMME PUBLIQUE ein anderer Aspekt im Vordergrund. Der tranceartige Zustand Ethels rührt hier nicht mehr von einer tatsächlich erlebten Konfrontation mit einem erschreckenden *Unbekannten*, sondern von einer *gespielten*. Das Schauspiel selbst wird für sie dabei gewissermaßen zum Vehikel einer Erfahrung der Selbstüberschreitung. Der *performative* Aspekt der Ekstase ist in Żuławskis Filmen nicht nur Inszenierungsmittel, sondern wird auch in vielfältiger Weise auf der diegetischen Ebene thematisiert und auf einer Metaebene reflektiert[245].

---

[245] Darüber hinaus geschieht die Reflexion des Schauspiels in LA FEMME PUBLIQUE, aber ebenso bereits in L'IMPORTANT C'EST D'AIMER in einem Rahmen umfassender Medienreflexion, die bei Żuławski derart virulent ist, dass sich darüber eine eigene Untersuchung verfassen ließe. Im Kontext dieser Arbeit werde ich lediglich die Reflexion des Schauspiels als Zustand der Selbstüberschreitung thematisieren. Zur Selbstreflexivität in LA FEMME PUBLIQUE vgl. BIRD: *Between the Scenes: La femme publique*, S. 13f.

d) Schauspiel und Tanz

Ethel ist bei weitem nicht die einzige Figur in Żuławskis Filmen, die den Beruf des Schauspielers ausübt. Sowohl in DIABEL, als auch in NA SREBRNYM GLOBIE kommen ganze Gruppen von Schauspielern vor und mit Nadine (Romy Schneider) in L'IMPORTANT C'EST D'AIMER war vor Ethel schon einmal eine Schauspielerin die Heldin eines Żuławskifilms. Das Schauspiel erscheint bei Żuławski in erster Linie als ein Zustand der Entblößung. Der Schauspieler öffnet sich seinem Publikum und „wird öffentlich", wie schon der Titel LA FEMME PUBLIQUE andeutet. Er gibt sich preis, opfert sich in gewisser Weise seinem Publikum und überschreitet sich dadurch selbst. Insofern der Schauspieler selbst zum Medium, zum von einer anderen Identität ‚Besessenen' wird, überschreitet er nach Nietzsche das *principium individuationis*, denn er offenbart das Wandelbare der menschlichen Natur, eben das Dionysische hinter den nur scheinbar statischen Erscheinungen[246].

Ebenso ist das Schauspiel als ein wesentliches Mittel der *Dramatisierung der Existenz* anzusehen, die Bataille ja als wesentlich für das Erreichen der Ekstase betrachtet. Schon in der schamanistischen Tradition war es ein wesentlicher Aspekt der Séancen, dass der Schamane zum Medium anderer Wesenheiten wurde, sich symbolisch in Tiere verwandelte und den Anwesenden die Transgression zur Welt des Jenseitigen *schauspielerisch* darstellte. Aufgrund seiner Herkunft aus dem religiösen Ritual (sei es nun das der Schamanen oder das des Dionysoskults) haftet dem Schauspiel etwas Sakrales an. Für den Schauspieler liegt in seiner Öffnung für eine „Besessenheit" zumindest potentiell die Möglichkeit einer ekstatischen inneren Erfahrung der Selbstüberschreitung.

In DIABEL begegnet Jakub einer Gruppe von Schauspielern, die durch das vom Chaos regierte Land ziehen und ihm vorschlagen, er solle sich ihnen anschließen. Ihr Anführer Hertz sagt Jakub, falls er sonst nichts könne, solle er sich ob seiner Schönheit einfach nackt zeigen. Auch stellt er die rhetorische Frage, wie man sich retten solle und beantwortet sie dann selbst: „By acting? Yes, by acting!"

---

[246] Vgl. NIETZSCHE, S. 57.

Bei seiner zweiten Begegnung mit den Schauspielern vor einem Schloss wird Jakub zum Zuschauer einer äußerst exaltierten Aufführung von Hamlet. Wie bereits geschildert zwingt Jakub später zwei Schauspieler, ihre Aufführung zu wiederholen, nachdem er sie bereits tödlich verwundet hat. Fasziniert von der Ekstase der Schauspieler nutzt Jakub diese zur Dramatisierung seiner eigenen Selbstüberschreitung im Mord. Er inszeniert hier eine Überschreitung der gespielten Rolle zur Realität, indem er den Schauspieler, der den sterbenden Hamlet mimt, dabei auch *wirklich* sterben lässt.

Auch in NA SREBRNYM GLOBIE gibt es eine Gruppe von Schauspielern, deren Verbindung zur Welt des Sakralen in diesem Film sogar noch stärker betont wird. So sagt die junge Priestern Ada zu Jerzy, der mittlerweile von den Bewohnern des silbernen Planeten als „Alter Mann" verehrt wird, sie sei ihm geweiht und sie werde gefürchtet, weil sie Marta, ihn (Jerzy) und den Regen spiele. Unter den Menschen der neuen Zivilisation gibt es außerdem einen Mann, der einfach nur „der Schauspieler" genannt wird und ebenfalls wegen seiner darstellerischen Fähigkeiten gefürchtet wird!

Der Schauspieler trägt ein überlanges schwarzes Cape, das beim Gehen hinter ihm her schleift, er vollführt ständig theatralische Gesten und Posen und plappert fortwährend vor sich hin. Sein exaltiertes Gebaren macht dabei häufig den Anschein eines ekstatischen Erlebnisses. In der zweiten Hälfte des Films, als Marek mit der zweiten Expedition auf den silbernen Planeten kommt, gibt es bereits eine ganze Kaste von Schauspielern, die als heilig gelten und ebenso wie die Mönche nicht kämpfen dürfen. Die Schauspieler reden selbst auch über ihre Kunst und bringen dabei verschiedene, teilweise bizarr anmutende Äußerungen vor:

„Ich bin besser als du, deshalb werde ich dich darstellen können."

„Krank ist dejenige, der darstellt. Krank ist der Schauspieler, der dich in seinem Innern sucht. Und er ist hässlich. Obwohl er sieht und fühlt, wird er niemals geliebt werden. Also verzerrt er seine Fratze und ist wie ein schlechter Spiegel. Ein Schauspieler ist der Sieg der Hässlichkeit über die Schönheit der Welt."

„[Wir sind] Schauspieler! Heilige. Wir dürfen nicht kämpfen. Wir dürfen nicht mit den Menschen sterben. Wir dienen, Herr. Du bist menschlich, das ist gut. Ich werde dich darstellen können."

„Wie du siehst, spiele ich, indem ich für dich Platz mache."

Wie schon in DIABEL erscheinen die Schauspieler in NA SREBRNYM GLOBIE als ein Kollektiv. Sie stellen eine Gruppe von Menschen dar, die ihre Rettung bzw. ihren Lebenssinn im Schauspiel suchen, das sie als eine sakrale oder zumindest außergewöhnliche Tätigkeit betrachten, die den Rahmen der alltäglichen *Welt der Arbeit* überschreitet.

Demgegenüber nutzen die jeweiligen Hauptfiguren von L'IMPORTANT C'EST D'AIMER und LA FEMME PUBLIQUE die Schauspielerei eher als *Vehikel zu ihrer ekstatischen Identitätsfindung*, die sich bei beiden durch Selbst-überschreitungen verschiedener Art vollzieht. So bietet in LA FEMME PUBLIQUE die Rolle der Lisa in der Dostojewskiverfilmung für Ethel eine Möglichkeit, ihre eigene Identität zu überschreiten und im Zuge dieser Selbstüberschreitung auszuloten und neu zu definieren. Mit den dramatischen Entwicklungen, die den Dreh des Films im Film begleiten – Ethel verliebt sich in den tschechischen Immigranten Milan (Lambert Wilson) und spielt ihm zu Liebe dessen ermordete Frau – vollzieht sich an ihr ein Reifeprozess, der sie zum Schluss des Films zur großen Schauspielerin werden lässt, die als Star auf den Titelblättern der Magazine gefeiert wird. LA FEMME PUBLIQUE zeigt die Entwicklung einer Schauspielerin als eine schrittweise „Veröffentlichung" ihrer selbst, eine Überschreitung der eigenen Grenzen in der totalen (physischen wie seelischen) Entblößung.

Dass das Schauspiel bei Żuławski im Wesentlichen als eine performative Selbstüberschreitung erscheint, reflektiert sich auch in Ethels Zweitbeschäftigung als Modell für Aktfotos. In insgesamt drei Szenen sehen wir Ethel in einem Mietstudio, wo sie nackt für einen schmierig wirkenden Mann tanzt, der sie dabei fotografiert. Schon beim ersten Termin ist Ethels Tanz zu einer Art Discopop äußerst wild und körperbetont und „erinnert darin partiell an Beschwörungstänze, Ritustänze von Naturvölkern", wie Katrin Wlucka anmerkt[247]; ihre hektischen Sprünge und konvulsivischen Körperverdrehungen wirken manisch und exaltiert, eine Nahaufnahme zeigt ihren Kopf, den sie heftig durch die Luft schleudert. Als die Musik aufhört zu spielen, ist Ethel völlig

---

[247] WLUCKA, S. 44.

außer Atem, ihr Blick ist entrückt und scheint durch den Fotografen hindurchzugehen.

Beim zweiten Mal bemerkt der Fotograf sofort: „Sie sind verändert"; Ethel befindet sich zu diesem Zeitpunkt der Handlung bereits in allerlei persönlichen Verwicklungen. Diesmal tanzt sie zu einem schneidigen Tango und gerät dabei zunehmend in Ekstase, bis sie anfängt zu schreien und zu schluchzen. Der Fotograf ist zunächst etwas irritiert, fotografiert jedoch weiter. Dann aber erleidet er plötzlich einen Schwächeanfall und fällt auf den Boden, wobei er beinah eine groteske Schaumstoffsäule mitreißt[248].

Seine Kamera fällt dabei auf den Auslöser und knipst nun mit klickendem Geräusch weiter Bilder, was mit einem triumphalen Höhepunkt der Musik koinzidiert. Ethel eilt zu dem Fotografen, um nach ihm zu sehen, dann aber fällt ihr Blick auf die bereits entwickelten Fotos, die dieser in einer Mappe bei sich trug: auf jedem der Bilder ist ihr Kopf abgeschnitten, man sieht nur ihren nackten Körper. Sie beschimpft den Fotografen und ruft empört nach der Empfangsdame des Studios.

In der zweiten Tanzszene tritt hervor, was sich schon in der ersten andeutete: Ethel gerät im Tanz in eine ekstatische Trance und kehrt dabei ihr aufgewühltes Inneres nach außen. Sie gibt sich dabei völlig preis, verschwendet sich im Tanz und kommuniziert in dieser Selbstüberschreitung einen Teil ihres eigenen Leids dem zuschauenden Fotografen, der davon augenscheinlich angesteckt und buchstäblich erschlagen wird[249].

Dass dieser sie immer nur vom Hals abwärts fotografiert hat, deutet Ethel offensichtlich so, dass er sie nur als Körper, nicht aber als Menschen wahrnimmt.

---

[248] Die Dekorsäule, ein phallisches Objekt, das Standfestigkeit vortäuscht, in Wahrheit jedoch nachgiebig und elastisch ist, lässt sich hier auch als ironischer Hinweis auf den Kontrollverlust des Mannes deuten, der die Situation mit seinem Blick durch die Kamera nur scheinbar dominiert, während diese Macht des Blicks von der affizierenden Ekstase der Frau unterwandert wird. Vgl. WLUCKA, S. 46. Dies kann auch als selbst-reflexiver Kommentar auf den Film als Ganzes gewertet werden, wobei der genderspezifische Aspekt jedoch nicht überbetont werden sollte, da in DIABEL oder NA SREBRNYM GLOBIE vor allem Männer in ekstatischen Zuständen gezeigt werden. Eher könnte man in dieser Szene generell von einer Unterwanderung der Blickkontrolle des Zuschauers durch die Affektlastigkeit des Dargestellten sprechen, die den Rahmen des Films in doppeltem Sinne überschreitet.

[249] „Der Geist verschwindet. Dem Mann hinter der Kamera wird förmlich der Hals zugeschnürt von so viel Energie. Er erliegt der Gewalt, lichtet nur ihren Körper ab." SCHWEER: *Keine Angst zu sterben*. Teil 2, S. 29.

Sein sexuelles Interesse an ihr steht außer Frage und die mechanisch weiter knipsende Kamera erscheint angesichts seines Schwächeanfalls wie die Parodie auf einen Orgasmus, den nun der Apparat an Stelle seines Besitzers hat[250]. Andererseits können die Bilder von Ethel aber auch als Hinweis auf den „kopflosen" Zustand emotionaler Entäußerung interpretiert werden, in den sie tanzend gerät[251].

Noch ein drittes Mal trifft sie in dem Studio auf den Fotografen und lässt sich – für eine höhere Summe – auf ein weiteres Shooting ein. Doch diesmal offenbart der Fotograf seine wahre Intention: er hat gar keine Kamera mitgebracht, sondern will Ethel nur zuschauen. Ethel setzt sich daraufhin provokativ auf einen Hocker, lehnt sich nach hinten und spreizt die Beine, wobei sie ihn herausfordernd fragt, ob es das sei, was er wolle. Wie von einem plötzlichen Impuls getrieben stürzt sich der Fotograf auf Ethel, reißt sie durch eine rote Papierwand hindurch in einen heruntergekommenen, abgetrennten Teil des Studios und stopft ihr gewaltsam Geldscheine in den Mund und dann *off screen* in ihre Vagina. Er wird in dieser dritten Szene im Studio endgültig von seinem Trieb übermannt und überschreitet sein erkauftes Zuschauerrecht in einem grotesken Akt der Vergewaltigung, der zugleich mit einer betont räumlichen Überschreitung einhergeht. Als ironische Untermalung läuft bei dieser letzten Studioszene Mozarts Messe im Hintergrund, eine untanzbare und pompös sakrale Musik.

Die drei Fotostudioszenen in LA FEMME PUBLIQUE stellen eine sukzessive Eskalation der *Gewaltsamkeit* dar, die zunächst nur in Ethels wildem Tanz spürbar ist, sich dann in einer Art kommunikativer Übertragung auf den ohnehin schon vom Trieb affizierten Fotografen überträgt und diesen schließlich seine Beherrschung verlieren lässt. Trotz des brutalen Ausgangs sind die Fotoshootings für Ethel dennoch ein bedeutender Teil ihrer Entwicklung. Vor allem beim zweiten Mal findet sie im exzessiven Tanz zum Ausdruck ihrer tiefsten Emotionen. Somit hat diese ekstatische Erfahrung auch einen wesentlichen Anteil an Ethels

---

[250] Auch hier ist natürlich ein selbst- bzw. medienreflexives Element zu erkennen. Eine Kamera wird anthropomorph, indem sie stellvertretend eine körperliche Funktion übernimmt.

[251] Schon Bataille hatte den *kopflosen* Menschen, den Azephalen der griechischen Mythologie als Symbol der Ekstase verstanden und gründete 1936 sowohl eine Zeitschrift namens *Acéphale* als auch eine gleichnamige Geheimgesellschaft. Vgl. HEINRICHS, S. 19f.

schauspielerischem Werdegang. Tanz und Schauspiel ergänzen einander in LA FEMME PUBLIQUE als performative Praktiken der Selbstöffnung und Selbstüberschreitung.

Der Tanz ist in gewisser Weise eine reine Verschwendung von Körperkraft, eine Verausgabung der Bewegung. Denn Tanz folgt keinem rationalen Zweck, höchstens einem religiösen oder künstlerischen und stellt insofern für Bataille eine wahrhaft *souveräne* Handlung des Menschen dar, die die *Welt der Arbeit* überschreitet. Im Rahmen religiöser Rituale war der Tanz seit jeher in allen Kulturen mit dem Heiligen verbunden. Er stellt eine Technik der Ekstase dar, die den Körper in eine Trance versetzt, und war daher fester Bestandteil der Séancen im Schamanismus. Ebenso war der orgiastische und ausgelassene Tanz ein zentrales Element des Dionysoskultes und Nietzsche betont in *Die Geburt der Tragödie* immer wieder den individualitätsüberschreitenden Charakter des dionysischen Tanzes[252]. Selbst in der frömmelnden Frauenmystik des Mittelalters ging der angestrebten *unio mystica* ein zumindest vorgestellter Tanz der Seele mit dem himmlischen Bräutigam voran[253].

Für einen Regisseur, der keine Musicalfilme macht, sind Tanzszenen in Żuławskis Filmen auffällig häufig. Teilweise sind diese zwar durch die Handlung motiviert, doch die Aufmerksamkeit, die ihnen etwa durch die schiere Dauer der Präsentation zuteilwird, überschreitet meist den Rahmen narrativer Notwendigkeit und qualifiziert sie demnach als filmischen Exzess im Sinne Kristin Thompsons. Meist sind die Motivationen für den plötzlichen Tanz auch eher poetischer oder religiöser Natur. Der Tanz drückt dann einen emotionalen Überschwang der Figuren aus, der fast immer in einen ekstatischen Taumel dionysischer Art übergeht. So tanzt in DIABEL etwa der Teufel Jakub „die Schönheit der Welt" vor. Und auch am Ende dieses Films, als der Teufel besiegt zu sein scheint, tanzt der Harlekin aus dem Bordell um die Nonne herum, um diesen Sieg zu feiern.

In NA SREBRNYM GLOBIE führen die Jünger der fiktiven Religion des silbernen Planeten rituelle Tänze am Strand auf, die durch den Einsatz von Kostümen aus tierischen Materialien wie Fellen und Federn und durch die hypnotische Trommelmusik deutlich auf schamanistische Rituale anspielen.

---

[252] Vgl. NIETZSCHE, S. 25f, 29f.
[253] Vgl. GORECKA, S. 434.

Ebenso ist der ekstatische Tanz in SZAMANKA ein geradezu ikonischer Verweis auf die Praktiken des Schamanismus. So gerät Wloszka auf einer Party beim Tanzen sofort in einen geradezu epileptisch anmutenden Trancezustand. Sie zuckt und zappelt derart, dass ein anderer Gast, der eben noch mit ihr tanzen wollte, sich befremdet abwendet. Anders als für die anderen Besucher der Party ist der Tanz für die Schamanin Wloszka keine bloße soziale Konvention, sondern ein transgressiver Akt der Selbstüberschreitung. In einer späteren Szene vollführen Michal und seine Studenten im Labor um die Mumie des Schamanen einen grotesken Tanz, bei dem sie rhythmisch atmen, die Mumie hochheben und in eine Konservierungsflüssigkeit umbetten. Hierin zeigt sich auch die rituelle Verehrung, die Michal und seine Helfer der Mumie entgegenbringen.

Und es ist sicher auch kein Zufall, dass Anna in POSSESSION von Beruf Ballettlehrerin ist. Das von Heinrich aufgenommene Video, das sie Mark schickt, zeigt, wie sie beim Ballettunterricht eine Schülerin grausam zur Disziplin anhält, bis diese weinend und schreiend zusammenbricht und den Übungssaal verlässt. Der konvulsivische, groteske Tanz, den Anna selbst in der oben beschriebenen U-Bahn-Szene aufführt, hat angesichts ihres Berufs eine bittere Ironie, insofern er im denkbar größten Gegensatz zum mit Eleganz und Grazilität assoziierten Ballett steht, auf dessen perfekte Ausübung Anna so sehr pocht. Das ekstatische Erlebnis überrollt Anna völlig und schüttelt ihren Körper mit gewaltsamen Spasmen. Dieser Tanz überschreitet jegliche Regeln und Normen der „zivilisierten" Kunsttänze, für die das Ballett hier stellvertretend steht. Annas Tanz in der U-Bahn ist im Gegenteil Ausdruck der frei werdenden *Gewaltsamkeit*, die sie zur völligen Verausgabung ihrer selbst treibt, einem Exzess der Bewegung und ihrer Kräfte gleichermaßen. Daniel Bird vergleicht diese Szene übrigens mit der Schilderung Batailles von der Ekstase einer Prostituierten in seiner Erzählung *Madame Edwarda*[254]. Bei Bataille heißt es in der von Bird zitierten Passage:

> Wie ein Stück von einem Regenwurm wand sie sich auf der Erde, von Atemkrämpfen geschüttelt. [...] Die Raserei ihrer Bewegungen hatte sie bis zum Vlies entblößt; ihre Nacktheit hatte jetzt die Bedeutungslosigkeit und zugleich die Bedeutungsschwere der Kleider einer Toten. [...] Die Fischsprünge ihres

---

[254] BIRD: *Gott in Gestalt einer verrücktgewordenen, öffentlichen Hure*, S. 10.

Körpers, die gemeine Wut, von der ihr böses Gesicht gezeichnet war, glühten das Leben in mir aus und zerbrachen und erschöpften es bis zum Ekel.[255]

In ähnlicher Weise äußert sich in MES NUITS Blanches Trance während der Séancen im Kasino in wilden Tanzgebärden und auf dem Höhepunkt ihrer Ekstase bäumt sich ihr Körper in epileptisch anmutenden Spasmen auf. Durch die Séance ist Blanche der Rahmen für eine vor Publikum performierte Ekstase gegeben, eines Rituals, das hier, wie schon im Schamanismus, der Verbindung mit dem Jenseits und der Weissagung dient.

Der Tanz ist ebenso wie das Schauspiel eine performative Praktik der Selbstüberschreitung. Im Schauspiel und im Tanz *dramatisieren* Żuławskis Charaktere ihre Zustände des Außer-Sich-Seins, indem sie sie aufführen. Dieser performative Aspekt der Selbstüberschreitung liegt scheinbar in ihrem Wesen begründet: Nietzsches „Entladung" des Dionysischen in apollinischen Bilderwelten[256] und Batailles „Dramatisierung der Existenz"[257] sind letztlich abstrahierte Konzepte eines in der ekstatischen Erfahrung angelegten Bedürfnisses nach Ausdruck, eines Drangs zur *Inszenierung der Ekstase*. Diese wird bei Żuławski selbstverständlich nicht nur auf diegetischer Ebene thematisiert. Seine Filme selbst lassen sich als komplexe Inszenierungen von Zuständen der Selbstüberschreitung mit den Mitteln des Films betrachten. Da die ekstatische Erfahrung eben sowohl eine geistige als auch eine betont körperliche ist, findet sie ihre konsequente Darstellung in einem körperorientierten, expressiven Schauspiel, das eines der Kernstücke von Żuławskis Inszenierungsweise bildet.

---

[255] GEORGES BATAILLE: *Das obszöne Werk*. Reinbek bei Hamburg 1977, S. 73.
[256] Vgl. NIETZSCHE, S. 58.
[257] Vgl. BATAILLE: *Die innere Erfahrung*, S. 22 -25.

2. Żuławskis Inszenierungsformen der Selbstüberschreitung

a) Schauspielstil

Das Schauspiel wird nicht nur als ständig wiederkehrendes Motiv in Żuławskis Filmen verhandelt, es ist auch eines seiner Markenzeichen als Auteur, was zunächst paradox erscheinen mag, da es ja gerade nicht primärer Ausdruck des Regisseurs, sondern der jeweiligen Darsteller ist und dementsprechend sehr unterschiedlich sein kann. Ohne die persönlichen Nuancen seiner Darsteller gänzlich zu verdecken, prägt Żuławski ihnen in seinen Filmen jedoch einen unverwechselbaren Schauspielstil auf, der ein integraler Bestandteil seiner filmischen Handschrift ist. Das Schauspiel bei Żuławski zeichnet sich vor allem durch extreme Emotionalität und extreme Körperlichkeit aus, was offensichtlich auf viele Zuschauer verstörend wirkt. So meint Michael Atkinson etwa:

> [I]t's his manhandling of actors that is both Zulawski's most distinguishing trait and his most disquieting, pursuing as he does the frenetically irrational like a melodramatic R. D. Laing, convinced that primal-scream apoplexy is the sanest response to a mad world.[258]

Die unmittelbaren Wurzeln seines Schauspielstils sind in Żuławskis Heimatland Polen bei dem großen Theaterregisseur Jerzy Grotowski zu suchen, von dem Żuławski nach eigener Aussage stark beeinflusst wurde[259]. Diese Beeinflussung kennt zwar ihre klaren Grenzen, doch ist ein kurzer Blick auf die wesentlichen Züge von Grotowskis Methode äußerst hilfreich für das Verständnis von Żuławskis Arbeit mit den Schauspielern. Grotowski betrachtete „die persönliche und szenische Technik des Schauspielers als den Kern der Theaterkunst"[260]. Nach seiner Konzeption eines *Armen Theaters* sollten alle anderen Elemente des Theaters wie Kulissen, Kostüme, Schminke, Effekte, Hinter-

---

[258] ATKINSON, S. 81.
[259] Vgl. BIRD: *Gott in Gestalt einer verrückt gewordenen, öffentlichen Hure*, S. 12, STIGLEGGER: *Die Sprache der Verzweiflung*, S. 126.
[260] JERZY GROTOWSKI: *Für ein Armes Theater. Mit einem Vorwort von Peter Brook.* Berlin 1994, S. 13.

grundmusik und selbst der Dramentext nach und nach eliminiert oder zumindest auf ein Minimum reduziert werden, um eine totale Entfaltung des Schauspiels zu gewährleisten[261].

Der für Grotowski ideale Schauspieler sollte auch nicht mehr eine künstliche Repräsentation einer Figur liefern, sondern „durch eine vollständige Selbstenthüllung, durch eine Bloßlegung seiner eigenen Intimität"[262] eine körperbetonte „Aufführung als ein[en] Akt der Grenzüberschreitung"[263]. Tatsächlich strebte Grotowski an, den Schauspieler in einen realen ekstatischen Zustand zu versetzen, im Zuge einer transgressiven Entäußerung seiner selbst:

> Der Schauspieler gibt sich selbst als absolutes Geschenk hin. Dies ist eine Technik der „Trance" und der Einbeziehung aller psychischen und körperlichen Kräfte des Schauspielers, die aus den intimsten Schichten seines Seins und seiner Instinkte hervorgehen und in einer Art „Durchstrahlen" hervorsprudeln.[264]

Der Schauspieler bringt sich nach Grotowski also selbst als Gabe dar und verausgabt seine Kräfte bis zur Erschöpfung, opfert sich in gewisser Weise. Darin ist eine klare Parallele zu Batailles Konzeption der Selbstüberschreitung zu erkennen. Auch spricht Grotowski ähnlich wie Bataille von einem unmittelbaren Zeiterleben *im Augenblick*, das aus der ekstatischen Hingabe an den Trieb bzw. Impuls entspringe:

> Das Ergebnis [von Grotowskis Methode, d. A.] ist ein Befreitsein vom Zeitsprung zwischen innerem Impuls und äußerer Reaktion, so daß der Impuls schon eine äußere Reaktion ist. Impuls und Aktion fallen zusammen: Der Körper verschwindet, verbrennt, und der Zuschauer sieht nur eine Reihe sichtbarer Impulse. Unser Weg ist mithin eine *via negativa* – keine Ansammlung von Fertigkeiten, sondern die Zerstörung von Blockierungen.[265]

Die Methodik durch den Abbau von Blockaden, verborgenes Potential bei den Schauspielern hevorzulocken und auszunutzen, hat sich Żuławski teilweise

---

[261] Vgl. ebd., S. 20f.
[262] Ebd., S. 14.
[263] Ebd., S. 18.
[264] Ebd., S. 14.
[265] Ebd., S. 15.

von Grotowski abgeschaut und für seine Arbeit angeeignet[266]. Allerdings ist Żuławskis Weg gerade nicht als *via negativa* zu fassen, seine Filme sind alles andere als ein „Armes Kino".

Ganz im Gegenteil: neben dem Schauspiel sind auch alle anderen ästhetischen Elemente seiner Filme wie beispielsweise Kulissen und Kostüme, vom ästhetischen Exzess bestimmt. Wenn Grotowski seine Methode auch in Bezug auf das Schauspiel als *subtraktiv* kennzeichnet, bezieht er sich dabei auf den Abbau von Hemmungen, Blockaden, die das Triebhafte, die freiwerdenden Impulse unterdrücken. Doch gerade in der Öffnung des Schauspielers für diese in ihm schlummernden Kräfte kommt es zu einem „unerhörte[n] Exzeß"[267], wie Grotowski selbst schreibt. Ebenso hebt er das transgressive Moment hervor, das in der angestrebten physischen und psychischen Entblößung des Schauspielers liegt:

> Die Mißachtung des Tabus, die Grenzüberschreitung, liefert den Schock, der die Maske herunterreißt, wodurch wir fähig werden, uns selbst nackt etwas hinzugeben, das unmöglich zu benennen ist, das aber Erotisches und Karitatives in sich birgt.[268]

Es ist genau diese Grenzüberschreitung, die nicht nur eine Überschreitung von Tabus, sondern auch eine Überschreitung des repräsentativen Charakters des Schauspiels ist, die den Darstellern in Żuławski Filmen von Zeit zu Zeit „die Maske herunterreißt" und sie in ihrer Körperlichkeit entblößt. So sind etwa die exzessiven Tanzszenen Valérie Kapriskys in LA FEMME PUBLIQUE für Stephen Thrower „a blurring of distinction between performance and genuine loss of

---

[266] In einem Video-Interview berichtet Sophie Marceau über Żuławskis Arbeit mit den Schauspielern: „Actually Andrzej is probably the only director I have worked with that has this culture of a physical training for an actor, which I think is so, so useful and elementary in this work. [...] When you're making a movie with Andrzej there is some kind of deal. He wants you to give everything you can. Which sometimes is... you can think it's indiscreet, and you don't want to go in those places. It's yourself, it's your private, your discretions... your private garden, you know? But... It's the deal. He wants you to really open your heart and open all your human... stuff, you know." DANIEL BIRD: *Becoming Marie. Interview with Sophie Marceau*. Im Bonusmaterial zur DVD: *L'amour braque*. Regie: Andrzej Żuławski. Frankreich 1985. Mondo Vision 2009. (0:08:25)
[267] GROTOWSKI, S. 24.
[268] Ebd., S. 22.

control"[269]. Die Grenze zwischen der gespielten Repräsentation einer Rolle und der reinen Präsentation tatsächlicher Körperzustände des Schauspielers verwischt sich oder wird sogar gänzlich überschritten, wo genuine körperliche Reaktionen und extreme Bewusstseinszustände Teil des Schauspiels werden[270]. Entsprechend bemerkt Daniel Bird zu Isabelle Adjanis Darstellung der U-Bahn-Szene in POSSESSION:

> Anna's existence in POSSESSION is as Adjani's fictional character, it is Adjani having a fit in front of the camera, climaxing by physically vomiting. Upon the evidence of the cut negative of the film, there is nothing to distinguish the role of Anna from Adjani's performance: Adjani performs Anna.[271]

Die im Film sichtbaren Konvulsionen Annas sind auch die Konvulsionen Adjanis. Die realistische Darstellung einer derartigen Trance ist nicht möglich ohne reale Trance, das macht auch den immensen Schock aus, den diese Szene beim Zuschauer hinterlässt[272]. Die Distanz zwischen Schauspieler und Rolle ist hier nahezu aufgehoben, die Grenze zwischen fiktivem Rahmen und dokumentarischer Wahrhaftigkeit überschritten.

Bird erkennt neben dem Einfluss Grotowskis und der Nähe zu Bataille in dieser Szene auch eine Verwandtschaft mit den Ideen Antonin Artauds, auf dessen

---

[269] STEPHEN THROWER: *La femme publique*. In: STEPHEN THROWER (Hg.): *Eyeball Compendium. Writings on sex and horror in the cinema from the pages of Eyeball Magazine, 1989-2003*. Godalming, Surrey. S. 233-236, S. 235.

[270] Vgl. DOROTHEA HOLLAND: *Bodies at Play: A General Economy of Performance*. In: SHANNON WINNUBST (Hg.): *Reading Bataille Now*. Bloomington, USA 2007, S. 197-219. Holland schreibt mit Bezug auf Bataille über bestimmte performative Situationen, in denen die Grenze von simulierter bzw. bewusster und akuter, nicht bewusst steuerbarer Körperreaktion überschritten wird, und leitet daraus eine *allgemeine Ökonomie* der Aufführung ab. Über das Erröten von Eleonora Duse auf der Bühne schreibt sie treffend: „This was the real thing, the body's unmediated expression of inner feeling. The body does not lie." (S. 198).

[271] DANIEL BIRD: *Zulawski's POSSESSION*. In: STEPHEN THROWER (Hg.): *Eyeball Compendium. Writings on sex and horror in the cinema from the pages of Eyeball Magazine, 1989-2003*. Godalming, Surrey. S. 367-374, S. 369.

[272] Aus einem Interview mit Żuławski geht hervor, dass Adjani tatsächlich derart in Trance war, dass sie den Kopf heftig an der Wand anschlug, danach aber keinerlei Schmerzen verspürte. Vgl. THROWER / BIRD: *Cinema Superactivity*, S. 66.

Ideen für ein *Theater der Grausamkeit* Grotowskis Methodik teilweise Bezug nimmt[273].

> The subway miscarriage sequence is the most explicit revelation of the Artaudian nature of Zulawskis's work (filtered through Polish theatre theorist Grotowski), as Anna is released from a rigid body, squirming under a crucifix, smothered to the point of terminal incoherence and inexpressivity, into a laughing, wild, flexible, half-formed instrument of pure expression, a ‚Madame Edwarda' of sorts.[274]

Artaud schreibt in seinem zweiten Manifest zum *Theater der Grausamkeit*:

> Wir gedenken, das Theater vor allem auf das Schauspiel zu stellen, und in das Schauspiel werden wir einen neuen Begriff von angewandtem Raum auf allen möglichen Ebenen und allen Stufen der Perspektive oben wie unten einführen. Diesem Begriff wird sich eine besondere Vorstellung der mit der Bewegung verschwisterten Zeit hinzugesellen:
> In einer gegebenen Zeit verbinden wir die größte Zahl möglicher Bewegungen mit der größten Zahl körperlicher Bilder und der mit diesen Bewegungen verknüpften möglichen Bedeutungen.[275]

Was Artaud hier vorschwebt, ist ein Exzess der Bewegung, ein körperlicher Ausnahmezustand, der einer transzendentalen Erfahrung gleichkommt. Die Grausamkeit, von der Artaud spricht, ist auch eine Rücksichtslosigkeit gegen sich selbst, die vom Schauspieler einen Akt der Selbst*verschwendung* und der rückhaltlosen Selbst*überschreitung* verlangt.

> Ohne ein Element von Grausamkeit, das jedem Schauspiel zugrunde liegt, ist Theater nicht möglich. Bei dem Degenerationszustand, in dem wir uns befinden, wird man die Metaphysik via Haut wieder in die Gemüter einziehen lassen müssen.[276]

---

[273] Artaud wird als Schriftsteller und Theoretiker zudem häufig mit Bataille in einen Zusammenhang gebracht. Die beiden verband außer der Tatsache, „Dissidenten" der Surrealistengruppe zu sein, auch eine intellektuelle Freundschaft und eine große Übereinstimmung in vielen Gedanken. Vgl. HEINRICHS, S. 58f, 73-75.
[274] BIRD: *Zulawski's POSSESSION*, S. 370.
[275] ANTONIN ARTAUD: *Das Theater und sein Double*. Frankfurt a. M. 1987, S. 133.
[276] Ebd., S. 106.

Stiglegger und Wlucka sprechen nicht ohne Berechtigung analog von einem ‚Kino der Grausamkeit' bei Żuławski[277]. Die körperlichen Exzesse, die Żuławskis Schauspieler durchleben, zielen ebenfalls auf eine Metaphysik der Haut ab[278], eine Transzendenz in der Erfahrung des Körpers, die nicht mit den gleichen Methoden zu erreichen ist wie die bloße Repräsentation einer Rolle im klassischen Schauspiel.

Isabelle Adjani erhielt angeblich für die U-Bahn-Szene von Żuławski nur die Regieanweisung „Fuck the air!", bereitete sich nach eigener Aussage aber durch das Einüben eines brasilianischen Macumbarituals darauf vor[279]. Żuławski selbst betont den religiösen Aspekt, den er dem Schauspiel beimisst, und bekennt sich zum Einsatz von Trancetechniken bei der Arbeit mit den Schauspielern:

> [I]t's impossible to forget that acting is religious, basically. The first actor is the shaman acting in front of his flock. A mass is a theatrical play with symbolism and gestures. We act because we are religious beasts. The proof is, well I went several times to Haiti, I was very interested in the experiments of Grotowski [...]. The trance phenomenon. What is it? Nobody knows. Does it exist? Yes. I can put you into a trance, in about twenty minutes, and you won't know what you'll be doing. So it's profoundly human, it's in you, but if you refuse that basic darkness [...] in which you can walk over fire or pierce yourself with a sword and nothing happens to you, if you don't admit it, you don't understand anything about acting, about the performing arts at all. I like pushing actors to the border of this, sometimes. I've made exercises with them before [...]. You have to open them, but not with blah-blah Freudianism, I don't believe in that word...[280]

---

[277] STIGLEGGER: *Atemlos*. Teil 2, S. 13, WLUCKA, S. 7, 25, 63.
[278] In einer frühen Szene von POSSESSION findet Mark in Annas Zimmer eine Reihe von Büchern religiösen und esoterischen Inhalts, darunter eines mit dem Titel *Touching - The Human Significance of the Skin* (0:07:25).
[279] Vgl. MEINOLF ZURHORST: *Isabelle Adjani. Ihre Filme – Ihr Leben*. München 1992, S. 168. Marcus Stiglegger schreibt, es handele sich um ein Voodoo-Ritual, was vor dem Hintergrund von Żuławskis Beschäftigung mit diesem Kult ebenfalls denkbar ist. Vgl. MARCUS STIGLEGGER: *Grenzkontakte. Hysterie im Kino des Andrzej Zulawski*. In: BERND KIEFER UND DERS. (Hg.): *Grenzsituationen spielen. Schauspielkunst im Film*. 5. Symposium. Remscheid 2006. S. 165-174, S. 167.
[280] THROWER / BIRD: *Cinema Superactivity*, S. 66.

Ob in Adjanis berüchtigter U-Bahn-Szene aus POSSESSION, den frenetischen Tanzeinlagen Valérie Kapriskys in LA FEMME PUBLIQUE oder dem irrwitzigen Gestammel Andrzej Seweryns in NA SREBRNYM GLOBIE – Żuławskis Darsteller nähern sich zumindest stellenweise dem Punkt, an dem die Verausgabung der Figur mit der Verausgabung des Darstellers zusammenfällt. Wie Grotowski fordert auch Żuławski eine totale Hingabe des Schauspielers bis hin zur körperlichen und seelischen Entblößung[281]. Wie schon Artaud es angestrebt hatte, treibt er seine Darsteller zu einem Exzess der Bewegung, setzt ihre verborgenen Triebe frei und versetzt sie in Trance.

Die hyperaktiven Bewegungsabläufe dieses expressiven Schauspiels überschreiten jede herkömmliche psychologische Motivation der Figuren. Deswegen werden wohl auch Żuławskis Charaktere so häufig als hysterisch beschrieben[282]. Die Hysterie ist jedoch meiner Ansicht nach ein viel zu reduktives Konzept, das die körperlichen Exzesse, die die Schauspieler vor der Kamera vollziehen, in unzulässiger Weise pathologisiert und rationalisiert, denn die Hysterie wäre ja eine medizinische Erklärung für das exzessive Gebaren und Verhalten der Figuren.

Żuławski selbst hat den Begriff der Hysterie entschieden zurückgewiesen und spricht stattdessen von einer „superactivity, this energy, this shrieking quality which for me is a quality"[283]. Sowohl die vielen Bezugnahmen auf religiöse Motive auf narrativer Ebene, als auch Żuławskis eigene Aussagen über das Wesen des Schauspiels und seine von Grotowski und Voodoo-Zeremonien beeinflussten Techniken, rücken die exzessive Bewegung der Figuren in seinen Filmen deutlich in den Kontext von religiöser Besessenheit, spiritueller Trance und Ekstase.

---

[281] Żuławskis Umgang mit seinen Schauspielern scheint teilweise auch die Grenzen des ethisch Fragwürdigen zu streifen. So ritzte sich Adjani demonstrativ die Pulsadern auf, nachdem sie das erste Mal POSSESSION in voller Länge gesehen hatte, und warf Żuławski „emotionale Pornographie" vor. Vgl. THROWER / BIRD: *Cinema Superactivity*, S. 62f. Die Hauptdarstellerin von SZAMANKA, Iwona Petry, wurde angeblich von ihm zum Verzehr von rohem Hackfleisch genötigt, obwohl sie Vegetarierin ist. Vgl. BIRD: *Zulawski and Polish Cinema*, S. 149.

[282] Auch Stiglegger verwendet den Begriff wie Wlucka in positiver Weise für das Schauspiel bei Żuławski, er spricht jedoch auch von dessen Zusammenhang mit den Phänomenen religiöser Ekstase. Vgl. STIGLEGGER: *Grenzkontakte*, 165f, 171f.

[283] THROWER / BIRD: *Cinema Superactivity*, S. 64.

Durch die partielle Überschreitung der Handlungsmotivation lenken die performativen Akte der Schauspieler ganz im Sinne von Thompsons filmischem Exzess die Aufmerksamkeit auf die materielle Seite des Repräsentierten, in diesem Fall ihre eigenen Körper[284].

Dies entspricht auch dem Triebbildcharakter von Żuławskis Filmen: der Bewegungsimpuls, der Trieb, setzt sich hier nicht oder wenn, dann nur teilweise in zweckorientierten Handlungen fort wie im Aktionsbild, sondern wird größtenteils als überschüssige Bewegung in triebhaften Urakten vergeudet. In diesen fallen Impuls und Aktion zusammen.

Dadurch treten die menschlichen Körper in ihrer Qualität als „Materiebrocken" hervor und ihre Bewegungen verweisen nicht mehr auf einen organischen Handlungszusammenhang, sondern offenbaren in erster Linie die korrodierende Kraft der Zeit. Gerade in diesem Chaos zweckbefreiter Bewegungen und fortschreitender Zersetzung verbirgt sich die transzendentale Qualität des Exzesses: Nietzsches dionysisches Prinzip des Werdens und Vergehens bzw. Batailles *Kontinuität des Seins*.

---

[284] Vgl. HOLLAND, S. 204. Holland spricht mit Bezug auf die Sprache des Theaters von einem andauernden Versäumnis, die materielle, körperliche Seite des Schauspiels in gleicher Weise wie die zeichenhafte, darstellende zu thematisieren. Dies gilt in gleicher Weise, wenn nicht verstärkt, für das Schauspiel in den meisten Filmen.

b) Kamerabewegung

Żuławski wäre vielleicht ein Theaterregisseur oder seine Filme wären in erster Linie abgefilmtes Theater, wenn zu der intensiven Schauspielarbeit nicht eine genuin filmische Umsetzung seiner ekstatischen Handschrift hinzuträte. Der für das Schauspiel konstatierte Exzess der Bewegung findet aber nicht nur auf der Ebene der Figuren statt. Hinzu tritt Żuławskis virtuose Handhabung der Kamera, die das Prinzip einer konsequenten Verausgabung der Bewegung auf das Filmbild selbst überträgt[285]. Charakteristisch für die Kamerarbeit aller Żuławskifilme ist dabei die Loslösung nicht nur von etablierten Regeln der Kamerapositionierung, sondern eine gänzlich regellose Unvorhersehbarkeit der Kamerabewegungen[286]:

> His visual style is comprised largely of off-kilter floor-level traveling shots and fish-eyed clusters of contorting humanness but there's no foretelling how Zulawski will shoot a particular scene – the camera might spasm and rocket-ascend on a crane any moment, or chase after a character as he or she mauls his or herself out of romantic anguish.[287]

Diese Unvorhersehbarkeit der Kamerabewegung rührt von ihrem ständigen Changieren zwischen *motivierter* Verfolgung einer Figur und *unmotivierter*, eben exzessiver Eigenbewegung der Kamera, die ihre Autonomie spürbar werden lässt. Darin zeigt sich auch jene „Halbsubjektivität", von der Deleuze mit Bezug auf das Wahrnehmungsbild bei Pasolini spricht: die Kamera ist zugleich *mit* den Figuren, aber auch *außerhalb* der Figuren[288]. Żuławskis Kameraarbeit

---

[285] Vgl. Thierry Jousse über Żuławskis Kamerastil: „Le mouvement est son domaine et il n'aime rien tant qu'halluciner les lieux en y slalomant comme un skieur dément et en les animant par des détails semi-fantastiques qui sont autant de vibrations presque surnaturelles." THIERRY JOUSSE: *Passion fixe*. In: *Cahiers du cinéma* 545. (2000). S. 70-71, S. 71.

[286] Vgl. AMOS VOGEL: *Film als subversive Kunst. Kino wider die Tabus – von Eisenstein bis Kubrick*. Reinbeck bei Hamburg 2000, S. 115-117. Vogel legt hier dar, dass die Erkundung der filmästhetischen Möglichkeiten einer beweglichen Kamera vor allem „den visuellen Filmemachern und der Avantgarde" (S. 116) zu verdanken sei und stellt fest: „Die Kamera zu bewegen ist ein revolutionärer Akt, der ein ‚heißes', instabiles, gefühlsverwirrendes Element einführt und Anarchie impliziert" (S. 116). Dies gilt umso mehr für eine Kameraführung wie die in Żuławskis Filmen beobachtbare, deren exzessive Bewegung die narrative Motivation überschreitet.

[287] ATKINSON, S. 81.

[288] Vgl. DELEUZE: *Das Bewegungs-Bild*, S. 105f.

verfolgt eine Strategie der beständigen Verschiebung des Betrachterstandpunkts, der dauernd zwischen den Extremen einer Anheftung an die Bewegung der Figur und einer völligen Loslösung von dieser schwankt und unvermittelte Übergänge schafft:

> Die ornamentösen Drehungen bei Zulawski vermitteln eine schwindelnde Schwere der Bilder und schrauben den Blick fest in die Lichtbilder hinein. Hier treffen wir auf eine Choreographie, welche dermaßen viele Reize freizusetzen bemüht ist, dass tatsächlich ein physischer Druck auf dem zuschauenden Leib entstehen kann. Doch es sind nicht jene spannungs-steigernden Reize rasanter Achterbahnfahrten oder Flüge über eine weite Ebene, sondern ein beklemmendes Gefühl des mittendrin und genau dazwischen, das die akzelerierte Kamerabewegung erzeugt. Der Zuschauer befindet sich im Wechselspiel der Extreme: dort wo er sich zuvor in schneller, biegsamer Fahrt in geradezu physischer Intensität in der Szenerie eingemengt befand, wird er in der nächsten Szene durch steile Verkantungen visuell wieder aus dem Blickfeld geworfen.[289]

Es sei dahingestellt, inwieweit Wluckas Mutmaßungen über die Reaktion der Zuschauer empirisch zutreffen mögen oder nicht, doch lässt sich in Żuławskis Kameraarbeit zweifellos eine klare Tendenz zur Überschreitung klassischer filmischer Verfahren der Blickkonstruktion ausmachen. Diese Überschreitung charakterisiert Wlucka zutreffend als eine „Bildästhetik des Reizwechsels"[290]. Einerseits gibt es häufig eine „Kombination von Objekt- und Kamerabewegungen als Form einer synthetischen Bewegung", die die Gesten der Schauspieler nachzeichnet und dabei nicht selten überzeichnet[291]. Andererseits kommt es demgegenüber zu von den Schauspielen unabhängigen und im Extremfall sogar konträren Kamerabewegungen:

> Gegenläufige Bewegungen lassen zwischen Protagonisten und Kamera einen reißenden, pendelnden Sog entstehen und verweisen auf das Phänomen der Bewegungskoordinierung von Kamera und gefilmter Objekte.

---

[289] WLUCKA, S. 62.
[290] Ebd.
[291] Ebd.

Diese entfaltet in paralleler oder gegenläufiger Verknüpfung ein dynamisches Raumnetz; eine plastische Hypermotorik, die eindrücklich ihre Spuren in Zulawskis Filmen hinterlässt.[292]

Wlucka deutet diesen Kamerastil als „Strategie emotionaler Intensivierung", die sie einerseits auf die (vermeintliche) Hysterie, andererseits auf Artauds Forderungen nach schockauslösenden Bildern in seiner Konzeption eines *Theaters der Grausamkeit* bezieht. Sie postuliert analog für Żuławskis Filme ein „hysterisiertes Bild" und ein „Kino der Grausamkeit"[293]. Überzeugender scheint mir in ihrer Interpretation jedoch, dass sie Żuławskis Einsatz der Kamerabewegung als ästhetischen Ausdruck eines Zustands des Außer-Sich-Seins wertet:

> Die Eigenständigkeit und Gegenläufigkeit der Kamera bei Zulawski, welche den Darstellern auf den Leib rückt, aber durchaus dazu tendiert, sich widerspenstig, gar sinnlos gegenüber deren Handlungsabläufen zu bewegen, produziert in ihrer Bewegung ebensolche Attacken des Außer-Sich, der Abweichung.[294]

Die Bewegung der Kamera erzeugt eine Bewegung des gesamten Filmbildes, die zu der Bewegung der Schauspieler im Filmbild hinzutritt und dabei – hierin von gängigen Sehgewohnheiten abweichend – deutlich als separat von deren Bewegung wahrnehmbar wird. Sie konstituiert dabei ein beinahe unaufhörliches Gleiten der Betrachterposition. Dieser Effekt lässt sich wiederum als Visualisierung von Batailles Beschreibung der Paradoxie der menschlichen Bestrebungen betrachten:

> Der ungewisse Gegensatz zwischen Autonomie und Transzendenz versetzt das Wesen in eine *gleitende Position*: zur gleichen Zeit, da es sich in die Autonomie einschließt, und eben darum, will jedes Wesen *ipse* [=selbst, d. A.] das Ganze der Transzendenz werden; in erster Linie das Ganze der Komposition, von der es ein Teil ist, und dann, eines Tages, schrankenlos das Ganze des Universums.[295]

---

[292] Ebd.
[293] Ebd., S. 62f.
[294] Ebd., S. 67.
[295] BATAILLE: *Die innere Erfahrung*, S. 121. Erste Hervorhebung durch mich, d. A.

Der Widerstreit der gegenläufigen Triebe des Menschen, nach autonomer Individualität einerseits und nach einer transzendenten *Kontinuität des Seins* andererseits, stellt für Bataille das eigentliche Drama der menschlichen Existenz dar, dessen visuelle Vergegenwärtigung beispielsweise in der Opferzeremonie für den Menschen zum *Objekt der Ekstase* wird. Bataille spricht von diesem Objekt als von einem „schwindelerregenden Punkt [...], der dafür angesehen wird, daß er innerlich enthält, was die Welt an Zerreißendem birgt, das *unaufhörliche Gleiten* von allem ins Nichts"[296].

Es scheint, als ob Żuławskis Kamera in ihrem ständigen Gleiten zwischen einer Annäherung an die subjektive Figurenperspektive und einer freischwebenden Konstruktion eines „Außerhalb" ebenfalls diesen Punkt sucht, an dem der Schwindel einsetzt und in die Ekstase führt. Zumindest ließen sich auch diese „mouvements ininterrompus d'une caméra atteinte d'angoisse métaphysique"[297], die vielen virtuosen „Verschraubungsmanöver, in denen kunstvoll Kamera- und Darstellerbewegung in gegenläufigen Drehungen verbunden werden" im Sinne eines ekstatischen Tanzes interpretieren, der die Balance des Bildes zerstört und so einen Taumel der Betrachterposition inszeniert, eine „Konvulsion des Bildes"[298].

Vor diesem Hintergrund erscheint es als äußerst bezeichnend, dass Żuławski sich in NA SREBRNYM GLOBIE einer komplexen Kamerabewegung bedient, die speziell zur Simulation eines Schwindelgefühls entwickelt wurde, dem Dolly Zoom oder Vertigo-Effekt[299]. Bei Żuławski ist er jedoch jeglicher rational nachvollziehbarer Motivation enthoben: während eines Gesprächs von Marek mit Ihezal setzt plötzlich der Dolly Zoom ein und es wirkt so, als ob die Felswand hinter ihnen zurückweicht.

Es handelt sich um einen eindeutigen Fall von filmischem Exzess, die unmittelbare Motivation des Effekts bleibt völlig unersichtlich; er wirkt eher wie eine spontane Konvulsion des Bildes, die unvermittelt den Film heimsucht. Da der Vertigo-Effekt unmittelbar Mareks Befragung des Scherns Awij vorangeht, die wie oben beschrieben in eine Ekstase mündet, ließe sich die durch den Effekt

---

[296] Ebd., S. 164. Meine Hervorhebung, d. A.
[297] IANNIS KATSAHNIAS: *Le globe d'argent*. In: *Cahiers du cinéma* 409. (1988). S. 11.
[298] WLUCKA, S. 66.
[299] Vgl. FRANÇOIS TRUFFAUT: *Mr. Hitchcock, wie haben Sie das gemacht?*. München 1973, S. 240f.

bewirkte räumliche Verzerrung höchstens als visuelle Vorankündigung des Folgenden begreifen. Eine solche Interpretation ist jedoch zwangsläufig auf eine rein intuitive Verknüpfung angewiesen, da Żuławskis Filmsprache hier den Rahmen regelhafter und überhaupt rational analysierbarer Schemata überschreitet.
Genau das stellt Daniel Bird auch in Bezug auf die Kamerabewegung in POSSESSION fest, deren prinzipielle Unübersetzbarkeit in linguistische Analogien er hervorhebt:

> POSSESSION simply doesn't fit into either scheme at all. It's indigestible. Can Zulawski's camera swirling around a distraught Marc, be accurately described as a clause of speech (e.g. Metz)?[300]

In der Tat ist in POSSESSION Żuławskis Hang zu exzessiven Kamera-bewegungen besonders augenscheinlich. Es sind vor allem kreis- oder bogenförmige Bewegungen, in die die Figuren einbeschrieben werden, so etwa in einer Szene, in der Mark von seinen ominösen Autraggebern – mutmaßlichen Geheimdienstoffizieren – befragt wird. Die Kamera befindet sich hier zunächst hinter Mark, der vier seiner Vorgesetzten gegenüber sitzt, und vollzieht aus dieser Position heraus eine langsame Kreisfahrt, die hinter den mysteriösen Männern entlang fast den gesamten, nahezu leeren Raum ausschöpft, eine Einstellung, die Stephen Thrower treffend als „grandiose, ecstatically pointless" charakterisiert[301].

Die Fülle der Kamerabewegungen in Żuławskis Werk lässt sich in der Tat als visueller Ausdruck eines ekstatischen Außer-Sich-Seins der Figuren verstehen, eine „gloriose" Verschwendung ihres triebhaften Bewegungs-impulses, die auf das Filmbild selbst übergreift und es zur Konvulsion bringt. Tendenziell überschreiten die Kamerabewegungen aber eine narrative Motivation und lenken als filmischer Exzess die Aufmerksamkeit auf die zutage tretende Materialität des Filmbildes selbst.

Somit kann Żuławskis Kamera in doppelter Hinsicht eine dionysische Qualität zugesprochen werden: einerseits versetzt sie den Betrachterstandpunkt in einen tanzartigen Taumel, der die mentalen Zustände der Figuren widerspiegelt;

---

[300] BIRD: *Zulawski's POSSESSION*, S. 369.
[301] THROWER : *Zulawski's POSSESSION*, S. 377.

andererseits wird ihre exzessive Bewegung aber selbst zum Gegenstand der Betrachtung als eine sinnlich-materielle Qualität des Filmbildes, die „hinter" der diegetischen Ebene hervortritt.

c) Mise-en-Scène

Das nahezu unaufhörliche Gleiten der Betrachterposition in Żuławskis Filmen wirkt sich logischerweise auch auf die Mise-en-Scène aus, insofern diese ständiger Veränderung ausgesetzt ist und es in der Bewegung zu einer fortlaufenden Rekadrierung des Filmbildes kommt. Neben der exzessiven Kamerabewegung gibt es jedoch weitere für Żuławski typische Charakteristika der Mise-en-Scène, die ebenfalls Bestandteil seiner filmischen Ästhetik der Selbstüberschreitung sind.

Unter Mise-en-Scène verstehe ich im Folgenden alle Gestaltungsmittel des Filmbildes *außer* der Kamerabewegung, also beispielsweise Kamera-perspektive, Einstellungs-größe, Setting, Kostüme, Licht- und Farbgestaltung. Da eine detaillierte Analyse aller bildkompositorischen Verfahren bei Żuławski den Rahmen dieser Arbeit sprengen würde, beschränke ich mich auf einige zentrale, wiederkehrende Merkmale.

Wlucka charakterisiert Żuławskis Kameraarbeit als einen gezielten Angriff auf die üblicherweise dominanten „Prinzipien von Frontalität, Balance und Zentrierung"[302], die der einfachen Orientierung des Zuschauers im filmisch erzeugten Raum dienen sollen.

Diese systematische Abweichung drückt sich aber nicht nur in der ständigen Bewegung der Kamera aus, sondern setzt sich in der häufigen Wahl von Auf- und Untersichten sowie verkanteten Kameraperspektiven fort. Diese ungewöhnlichen und teils extremen Neigungswinkel des Blickfelds entsprechen ähnlich wie die Kamerabewegungen einer Verschiebung des Betrachterstandpunkts in schräge Seitenlagen, sowie Frosch- und Vogelperspektiven. In den meisten Fällen fehlt auch hier eine rational nachvollziehbare narrative Motivation für die jeweils gewählten Perspektiven – sie sind filmischer Exzess.

Die Extremperspektiven und Verkantungen bewirken eine Verzerrung der Größenverhältnisse und tragen neben der Kamerabewegung so zu einer „Konvulsion des Bildes" bei. Zudem vermitteln die schrägen Blickwinkel den Eindruck einer Bewegungslast im Filmbild, indem sie durch perspektivische Fluchtlinien eine Dynamisierung desselben suggerieren:

---

[302] WLUCKA, S. 61.

> Schrägheit wird ästhetisch immer als Abweichung von einer Norm wahr-genommen, woraus sich auch der starke dynamische Charakter dieser Strukturierung ergibt. Die schräge Richtung ist demnach das grundlegendste und wirksamste Mittel zur Erzeugung gerichteter Spannung, die spontan als dynamisches Streben wahrgenommen wird.[303]

Diese Schrägheit der Perspektiven entspricht dabei auch dem „Gesetz der schiefen Ebene", das Deleuze für das Triebbild postuliert[304], sie bringt ein Gefälle im Bild zum Ausdruck, die Möglichkeit eines Sturzes. Insofern die schiefen Perspektiven bei Żuławski das Filmbild und somit auch die Figuren und Gegenstände darin einerseits durch Verzerrung deformieren, andererseits eine Falllinie suggerieren, setzen sie das entropische Prinzip der Zersetzung und des Niedergangs ins Bild. Derart deformierte Sichtweisen und Bildverzerrungen werden historisch häufig mit dem sogenannten „deutschen Expressionismus" verbunden, den Żuławski selbst zu seinen Einflüssen zählt[305].
Im gleichen Interview erwähnt er auch, weclhe große Bedeutung, die Regisseure Griffith, Welles und Kurosawa durch ihren meisterhaften Einsatz des Weitwinkelobjektivs für seinen Stil haben. Weitwinkelaufnahmen finden sich in jedem Żuławskifilm und manche seiner Filme wie NA SREBRNYM GLOBIE und POSSESSION sind fast völlig davon dominiert. In Bezug auf letzteren erläutert Żuławski die Gründe für seine Präferenz von Weitwinkelaufnahmen:

> D'habitude, je vois large... Parce que c'est un film qui est vu, c'est comme regarder quelque chose de chaud avec un œil froid, ouvert, je disais tout le temps pendant le film qu'on faisait un film où la caméra ne cille pas, elle regarde comme ça. Et le grand angle a cette faculté, il voit comme ça c'est-à-dire qu'il voit en fait comme je vois. Avec un grand angle il est très difficile pour un metteur en scène de tricher parce qu'on voit tout.[306]

Weitwinkelaufnahmen entsprechen also für Żuławski einem weit auf-gerissenen Auge, das potentiell alles in seinem Blickfeld Befindliche registriert und niemals blinzelt. Fraglich ist jedoch, ob seine Beschreibung dieses Blicks als

---

[303] Ebd., S. 67.
[304] DELEUZE: *Das Bewegungs-Bild*, S. 172.
[305] Vgl. BONITZER: *Entretien avec Andrzej Zulawski*, S. 48.
[306] Ebd., S. 47.

eines „kalten Auges auf einer heißen Sache" zutreffend ist. Es ist nämlich gerade ein Charakteristikum der ekstatischen Zustände seiner Figuren, dass diese in der „Hitze" ihrer Trance die Augen weit aufreißen. Was in dem weitwinkligen Blick der Kamera zum Ausdruck kommt, scheint mir eine Suche nach einem „Mehr" in den Dingen zu sein, kein kühler, sondern ein begieriger, sehen wollender Blick.

Auch Bataille beschreibt die innere Erfahrung der Ekstase als ein in erster Linie optisches Erlebnis, das einem Exzess des Sehens gleicht. Je weiter der Blickwinkel ist, desto mehr überschüssige, nicht narrativ verwertbare Information enthält auch das Filmbild. Weitwinkelaufnahmen begünstigen also den filmischen Exzess, indem sie – in genauem Gegensatz zum Zoom – gerade keine sinnstiftende Selektion des Bildinhalts vornehmen, sondern in ihrer „Überladung des Bildes" einer primär sinnlichen Wahrnehmung des Films größeren Raum geben[307].

Eine implizite Lenkung der Rezeptionshaltung auf die materielle Dimension des Films ist in Żuławskis Filmen auch in der bewusst komponierten Gestaltung von Kulisse und Kostümen, sowie in der oft sehr ausgefeilten Farbdramaturgie gegeben. Gibt in DIABEL zwar der historische Kontext des 18. Jahrhunderts einen narrativen Anlass zu opulenten Kostümen und Kulissen, so überschreitet deren Gestaltung doch teilweise das Maß des Notwendigen, beispielsweise in dem grotesken Harlekinskostüm des Bordellsklaven. Der sicherlich opulenteste Film Żuławskis ist jedoch NA SREBRNYM GLOBIE, wo das Science-Fiction-Thema den Ausstattern Raum für eine überbordende Phantasie bot. Die Kostüme sind hier zwar größtenteils schwarz, aber dafür von ausufernden Details wie pompösen Halskrausen und meterlangen Schleppen geprägt. Zu erwähnen ist bei diesem Film auch die nachträgliche blaue Einfärbung des gesamten Filmmaterials, die angeblich, dem Titel entsprechend, den Film silbern aussehen lassen sollte[308]. Von dieser etwas obskuren und keinesfalls für den Zuschauer ersichtlichen Begründung abgesehen, ist die Blautönung des Films jedoch nicht weiter motiviert und stellt einen deutlichen Fall filmischen Exzesses dar. Auch in POSSESSION dominiert Blau die Farbpalette des Films,

---

[307] WLUCKA, S. 70.
[308] Vgl. *Hintergrundinformationen*. Im Bonusmaterial zur DVD: *Der silberne Planet*. Originalfassung mit deutschen Untertiteln. Regie: Andrzej Żuławski. PL 1977/87. Ostalgica 2009, S. 22.

diesmal allerdings weder durch nachträgliche Bearbeitung noch durch Filter herbeigeführt, sondern allein durch die Auswahl der Kostüme und Requisiten. Hier ist es zudem eine ganze Reihe von Farben, die im Rahmen einer komplexen Symbolik das Aussehen des Films prägen, jedoch vor ihrer ohnehin vagen und nur subjektiv bestimmbaren Bedeutung primär als sinnliche Qualitäten des Filmbilds in den Vordergrund treten[309].

Ähnliches ließe sich auch in Bezug auf die Dominanz von Rot und Grün in LA FEMME PUBLIQUE und die weiße bzw. weiß-rote Farbdramaturgie von MES NUITS konstatieren. Durch die Kombination der Weitwinkeloptik, des teils ausladenden Set Designs und eines intensiven Einsatzes von Farbe kommt es in Żuławskis Filmen zu einer visuellen Überladung des Filmbildes, die seine sinnlichen Qualitäten ausstellt. Dies wird zudem durch seine Bevorzugung von weiteren Einstellungsgrößen wie Totalen und Halbtotalen begünstigt, da diese aufgrund des geringeren Maßes an Selektion in der Kadrierung einen tendenziell größeren Anteil des filmischen Exzesses am Filmbild zulassen.

Halbnahe und nahe Einstellungen sind dagegen in Żuławskis Filmen vergleichsweise selten und beschränken sich meist auf Situationen, in denen eine Figur längere Zeit spricht. Dabei lässt Żuławski diese häufig direkt in die Kamera sprechen, was eine Überschreitung klassischer Filmcodes darstellt, aber auch eine Überschreitung des filmisch konstruierten Raumes auf ein Außen hin suggeriert[310]. Derartige frontale Einstellungen auf sprechende Schauspieler finden sich immer in Situationen, in denen die jeweilige Figur einen Zustand der Selbstüberschreitung, zumindest aber höchster emotionaler Erregung durchlebt, so beispielsweise bei der Nonne, die zu Beginn von DIABEL ob der Berührung eines Leichnams außer sich gerät.

In NA SREBRNYM GLOBIE und POSSESSION gibt es zunächst jeweils narrative Rechtfertigungen für das Sprechen in die Kamera. Der Astronaut Jerzy trägt in der ersten Hälfte von NA SREBRNYM GLOBIE eine Kamera bei sich, mit der er das Geschehen protokolliert. Später richtet er die Kamera immer häufiger auf sich selbst und hält lange Monologe, die Ausdruck seiner wachsenden Verzweiflung

---

[309] Vgl. BONITZER: *Entretien avec Andrzej Zulawski*, S. 47, THROWER / BIRD: *Cinema Superactivity*, S. 65f, BIRD: *Gott in Gestalt einer verrücktgewordenen, öffentlichen Hure*, S. 13-15.

[310] Hier gibt es entgegen Wluckas Feststellung (s. o.) also doch eine Frontalität der Perspektive, die jedoch in der Form des direkten Blicks in die Kamera alles andere als konventionell genutzt wird.

sind und Züge ekstatischer Erregung tragen. Das Video, das Anna Mark in POSSESSION zukommen lässt, gibt eine innerdiegetische Motivation für ihr Sprechen direkt in die Kamera. Dabei stellen diese Einstellungen, die hier innerdiegetisch als Videoaufzeichnung markiert sind, eine Offenbarung dar, die Anna von sich gibt: in der kurzen Szene, die sie beim Ballettunterricht zeigt und dem darauf folgenden Monolog, in dem sie von ihrer existenziellen Krise berichtet, gibt sie ihr Innerstes preis. Der Blick direkt in die Kamera richtet sich hier einerseits an die intradiegetischen Zuschauer, in diesem Fall an Mark, in Jerzys Fall an die Wissenschaftler auf der Erde, andererseits aber immer auch an den extradiegetischen Zuschauer des Żuławskifilms[311].

Trotz der narrativen Motivation dieser Einstellungen überschreiten sie durch ihre Länge und Intensität tendenziell den Rahmen der Diegese, indem hier eine offensichtliche Reflexion der Zuschauersituation stattfindet. Im temporären Zusammenfallen der Blickperspektiven von intra- und extradiegetischen Zuschauern wird eine Überschreitung zwischen inner- und außerfilmischer Realität suggeriert.

Darüber hinaus gibt es in diesen beiden, aber auch in anderen Żuławskifilmen, gleichartige Einstellungen von einer frontal fixierten Sprecherfigur, die von keiner Motivation getragen werden und daher den Aspekt der Selbstüberschreitung noch durch den Effekt des filmischen Exzesses unterstreichen. So gibt es auch in der zweiten Hälfte von NA SREBRNYM GLOBIE noch derartige Momente des Sprechens in die Kamera und zwar immer in Situationen, in denen sich die Figuren in Zuständen der Selbstüberschreitung befinden, wie etwa Marek bei der Befragung des Scherns und der auf einem Pfahl aufgespießte Ketzer in seiner Todesagonie.

Eine weitere Form der bildlichen Inszenierung von Selbstüberschreitungen stellt die Überschreitung des mimetischen Charakters des Filmbildes hin zur ungegenständlichen visuellen Leere des Weißbilds dar, ein Gestaltungsmittel, dessen Żuławski sich bereits am Ende von POSSESSION, ausgiebig aber in SZAMANKA bedient und zwar immer in Szenen, in denen die Protagonisten durch Selbstüberschreitungen induzierte Momente des Außer-Sich-Seins erle-

---

[311] Zum selbstreflexiven Aspekt dieser Filme im Film vgl. BIRD: *Zulawski's POSSESSION*, S. 370.

ben. Als etwa Michal Wloszka zum Analverkehr nötigt, da dieser eine schamanistische Ekstasetechnik darstelle, setzt zunächst wieder die stampfende, von sakralem Gesang begleitete Musik ein, dann hellt sich das Bild bis fast ins reine Weiß auf[312].

Dies geschieht in gleicher Weise auch später im Labor, wo Michal im Drogenrausch mit dem mumifizierten Schamanen kommuniziert. Am längsten kommt der Effekt am Ende des Films zum Einsatz, kurz nach dem Mord und dem kannibalischen Akt Wloszkas an Michal, als Jules einen Behälter mit radioaktivem Material öffnet. Wie in einem Blitz hellt sich das Bild auf: erst Wloszka und dann ihre Vermieterin sind in gleißend hellem Licht zu sehen, das schließlich das Bild gänzlich ausfüllt. Aus dem strahlenden Weiß schält sich hier erst langsam wieder die nun nackte und von Kopf bis Fuß mit Blut besudelte Gestalt Wloszkas heraus.

Die visuelle Entleerung des Filmbilds überschreitet in diesen Szenen den Rahmen gegenständlicher Darstellung, sie suggeriert eine momenthafte Auflösung aller Dinge in einer Art transzendenter Einheit, einer allumfassenden *unio mystica*. Im Kontext von Batailles Beschreibung der *inneren Erfahrung* könnte man hier auch den Übergang der *Ekstase vor dem Objekt* zur tieferen *Ekstase in der Leere* sehen, die ein visuelles Verlöschen aller Dinge in einer *Nacht des Nichtwissens* impliziert. Diese kann jedoch sowohl im „optischen Rahmen" einer totalen Finsternis zum Ausdruck kommen als auch in einer „weißen Nacht" der totalen Blendung[313]: Hans-Jürgen Heinrichs bezieht diese Bestimmung der tiefen Ekstase „in der Leere" explizit auf künstlerische Formen:

> Der „höchste Augenblick" wird von Bataille im Schweigen – als Künstler würde er sagen: in der leeren Fläche, im Weiß oder auch im Schwarz – festgemacht, und genau in diesem Augenblick entzieht sich das Bewußtsein.[314]

---

[312] Stiglegger interpretiert die musikalische Untermalung hier als „Ankündigung einer Epiphanie" und sieht den Einsatz des Weißbildes als Hinweis auf die „Erweckung spiritueller Energie aus der sexuellen Vereinigung von Priester und Priesterin". STIGLEGGER: *Atemlos*. Teil 2, S. 16.

[313] Nick Land interpretiert in einem Kapitel zur Bedeutung der Sonne bei Bataille den Blick direkt in die Sonne sowohl im physischen als auch im Sinne der idealistischen Metapher der Sonne als Erkenntnis, als „a subtilized retinal wounding, inflicted by exogenous energies" (LAND, S. 29) und als einen „blinding and shattering descent" (Ebd., S. 30).

[314] HEINRICHS, S. 128.

Zusammenfassend lässt sich über die Mise-en-Scène bei Żuławski sagen, dass sie einer Vielfalt verschiedener rekurrenter Strategien der Bildgestaltung folgt. In erster Linie wird durch diese der filmische Exzess vordergründig gemacht: durch schiefe Perspektiven, den Einsatz des Weitwinkelobjektivs, teils ausladendes Dekor und intensive Farbdramaturgie wird die Aufmerksamkeit auf die sinnliche Materialität des Filmbildes gelenkt, die sich einer narrativ-semiotischen Analyse tendenziell verweigert.

Dennoch lassen sich viele der zum Einsatz kommenden Gestaltungsmittel als Visualisierungen von mentalen Zuständen der Figuren interpretieren, allerdings eben gerade solchen Formen des Außer-Sich-Seins, die das Spektrum rational fassbaren Erlebens überschreiten. Die verkanteten Perspektiven, Auf- und Untersichten konstruieren visuelle Falllinien und verbildlichen so zugleich ein Prinzip des Niedergangs und den Schwindel der in die Ekstase gleitenden Figuren. Die frontalen Einstellungen von in die Kamera sprechenden Figuren brechen die vierte Wand zum Zuschauer auf und heben den geständnishaften Selbstentblößungscharakter ihrer Monologe zusätzlich hervor. Die punktuelle Auflösung gegenständlicher Formen im Weißbild visualisiert Momente einer transzendentalen Ekstase „in der Leere". Żuławskis Mise-en-Scène folgt einer Bildästhetik, die sich den Kriterien narrativer Filmanalyse tendenziell entzieht, da sie außerrationalen Gesetzen zu folgen scheint und mit dem filmischen Exzess operiert.

d) Montage

Żuławskis filmische Ästhetik des Exzesses drückt sich auch auf der Ebene des Schnitts in Form einer disruptiven und teils irrationalen Montage aus. In DIABEŁ gibt es beispielsweise in der Szene, in der Jakub nach seinem ersten Mord an einer Prostituierten aus dem Bordell flieht, einen Schnitt, der scheinbar einen räumlichen Anschluss schafft, in Wahrheit jedoch Jakub bereits im Wald zeigt. Der sprunghafte Charakter dieses Schnitts wird hier gerade durch den falschen Anschein eines Anschlusses noch betont und konstituiert eine fragmentierte Wahrnehmung. Diese lässt sich hier auf den mentalen Zustand Jakubs beziehen, der nach einer doppelten Selbstüberschreitung durch Inzest und Mord immer noch in ekstatisch erregtem Zustand ist.

Noch deutlicher wird diese Korrelation von Montage und ekstatischem Außer-Sich-Sein in der bereits erwähnten kurzen Sequenz, in der Jakub stirbt. Der Teufel schießt ihm erst ins Gesicht und reicht ihm dann mit einer spöttischen Bemerkung die Pistole. Nach einem plötzlichen Schnitt sehen wir nun Jakub mit unversehrtem Gesicht auf den Knien in einer Heidelandschaft umherkriechen, als sei er blind. Zu triumphaler Musik bewegt sich in der nächsten Einstellung die Kamera in Untersicht in einer Kreisfahrt und zeigt von unten, wie Jakub mit zerschossenem Gesicht den Baum, auf dem er saß, weiter hochklettert. Es folgt ein weiterer Schnitt zu Jakub, wie er in der Heide kriecht. Diese Schnitt-Sequenz lässt sich weder zufriedenstellend als Parallelmontage noch als alternierende Montage interpretieren. Zwischen den räumlich voneinander getrennten Einstellungen von Jakub auf dem Baum respektive Jakub in der Heide besteht eher ein mentaler Bezug, möglicherweise ein Wechsel von Außen- und Innensicht Jakubs. Der in der Heide herumirrende Jakub wäre dann als innere Projektion eines Außer-Sich-Seins zu verstehen und die Montage diente auch hier der Illustration einer Selbstüberschreitung.

Den auffälligsten Einsatz des Schnitts als filmisches Gestaltungsmittel macht Żuławski in NA SREBRNYM GLOBIE, wo fast die gesamte erste Hälfte des Films von exzessiven Jump-Cuts geprägt ist. Durch den arhythmischen und unmotivierten Schnitt *in* der Bewegung erscheint diese als fragmentiert. Aus den Dialogen und Monologen der Figuren sind jeweils die Sprechpausen ausgeschnitten, was ihnen eine gehetzte Atemlosigkeit verleiht. Da diese Art des Schnitts nur in dem Teil des Films zu finden ist, der dem gefilmten Protokoll Jerzys entspricht, wäre denkbar, dass damit eine Aussage über den inhärenten Fragmentcharakter jeder Form der Memorierung – mentaler oder technischer Natur – impliziert werden soll.

Wie im Fall der Blaufärbung des Filmmaterials erscheint mir eine mögliche semantische Funktion der abgehackten Montage aber hochgradig abstrakt und schwer zu fassen. Vielmehr überschreitet die über knapp eine Stunde lang durchgängige Präsenz der disruptiven Schnitte jegliche Motivation und lenkt die Aufmerksamkeit auf den Schnitt selbst und damit auf den materiellen Exzess des Filmbildes[315]. Die Montage bewirkt hier zudem eine räumliche Zerstückelung, die Amos Vogel zufolge besonders dann visuelle Erregung hervorruft, wenn der Bildrahmen dabei unverändert bleibt, was hier auch der Fall ist[316]. In gleicher Weise tragen die von Żuławski ebenfalls häufig verwendeten Achsensprünge zu einer Desorientierung des Zuschauers und einer Fragmentierung der Blickperspektive bei[317].

In der zweiten Hälfte von NA SREBRNYM GLOBIE, wie überhaupt im gesamten Œuvre Żuławskis dominieren allerdings eher mittellange bis längere Einstellungen gegenüber kurzen und abgehackten. Dies hängt auch mit der für seine Filmsprache zentralen Rolle der Kamerabewegung zusammen, die oft – etwa bei Gesprächen zwischen zwei Personen – einen Perspektiven-wechsel vollzieht, der nach klassischen Regeln der Filmsprache durch Schnitte herbeigeführt würde[318].

Zudem kann eine lange Einstellung aber auch den exzessiven Charakter des Dargestellten verstärken. Die relative Länge der Einstellung wird auch von Kristin Thompson als eines der vier von ihr explizit genannten Kriterien genannt, die den filmischen Exzess hervorheben. Exemplarisch für Żuławskis

---

[315] Stiglegger interpretiert die Verwendung von Jump-Cuts in einer Liebesszene aus L'AMOUR BRAQUE im Sinne einer Strategie der Verstörung durch räumliche Zerstückelung und zeitliche Brüche. Vgl. STIGLEGGER: *Die Sprache der Verzweiflung*, S. 133.
[316] Vgl. VOGEL: *Film als subversive Kunst*, S. 106.
[317] Vgl. WLUCKA, S. 64
[318] Dies ist gut an einem Gespräch zwischen einem der Detektive mit Anna in POSSESSION zu beobachten: Sie sitzen einander in der Hocke gegenüber und unterhalten sich, was in einer konventionellen Montage im Schuss-Gegenschuss-Verfahren aufgelöst wäre, während hier die Kamera in sanften Kreisbögen zwischen *over the shoulder shots* der beiden pendelt und der Dialog somit in *einer* längeren Einstellung gezeigt wird.

Umgang mit der Länge der Einstellung ist die bereits mehrfach erwähnte U-Bahn-Szene aus POSSESSION; die insgesamt dreiminütige Szene wird nur von zwei Schnitten unterbrochen, die Länge der Einstellungen von Annas sich windendem Leib übersteigt das Maß des narrativ Notwendigen bei weitem und vermutlich für manche Zuschauer ob der Drastik der Darstellung auch das Maß des Erträglichen.

Żuławskis „lange" Einstellungen sind im Vergleich mit den schier endlosen, mehrere Minuten langen Plansequenzen einiger Filmautoren, gerade aus dem osteuropäischen Bereich, allerdings eher von überschaubarer Länge[319]. Ihre Exzessivität beziehen sie eher aus dem als überlang empfundenen Verharren auf schwer erträglichen Bildern wie den gepfählten Ketzern in NA SREBRNYM GLOBIE oder den Selbstentäußerungen der Figuren, die von denen der Darsteller, wie schon dargelegt, oft schwer zu trennen sind.

Zu der relativen Länge der Einstellungen solcher Überschreitungszustände tritt dabei die Wiederholung ähnlicher Szenen als Moment der Verstärkung des Exzesses: so in den drei Tanzszenen Ethels in LA FEMME PUBLIQUE oder den zwei über jedes Maß ausgedehnten Seancen in MES NUITS. Ebenso stellen die unzähligen und jeweils minutenlangen Sexszenen in SZAMANKA in ihrer befremdlichen Ritualisierung grausamer Erotik einen Exzess in der Narration dar und drängen diese durch ihre ausgiebige Darstellung in den Hintergrund.

In Żuławskis Montage dominieren also sowohl der Länge als auch der Häufigkeit nach Einstellungen von exzessiven Selbstüberschreitungen der Figuren gegenüber solchen, die die Handlung vorantreiben. Hinzu kommt sein rekurrenter Einsatz desorientierender Schnitttechniken, die eine Zerstückelung des filmischen Raumes bewirken. Daraus ergibt sich unter anderem auch die für seine Filme charakteristische Unmöglichkeit des Nacherzählens. Was die zentrale Qualität von Żuławskis Filmsprache ausmacht, ist eben nicht in erster Linie das Erzählen einer Geschichte, sondern eine audiovisuelle Reizüberschwemmung, ein irreduzibler Exzess an Momenten schockierender Sinnlichkeit.

---

[319] Beispielsweise Andrej Tarkowski, Miklos Jancsó, Bela Tarr und Aleksandr Sokurov.

IV. Kino der Ekstase

Das Kino des Andrzej Żuławski verweigert sich klassischer Verstehensmuster der Filmanalyse, die sich in erster Linie narrativen und semiotischen Stukturen widmen. Das zentrale Thema seiner Filme sind ekstatische und exzessive Erfahrungen der Selbstüberschreitung: Ausbrüche triebhafter Gewalt und grausame Todesarten, tabu-überschreitende ungebändigte Sexualität und emphatische Liebe, Begegnungen mit übernatürlichen und rätselhaften Wesenheiten und performative Akte körperlicher und psychischer Selbstverschwendung. All dies sind Erfahrungsbereiche des Menschen, die sich gerade *nicht* diskursiv fassen lassen, da sie die Ebene rationaler Beschreibung überschreiten. Sie sind – folgt man Bataille – wenn überhaupt, dann nur in der *Auflösung des Diskursiven* annähernd vermittelbar. Genau diese Qualität schreibt Bataille in Bezug auf die Sprache der Poesie zu, in der die Wörter von zweckhaften Bestimmungen befreit würden und ihnen in der souveränen Opferung ihres rationalen Sinns ihre sinnliche Materialität zurückgegeben werde.

Żuławskis filmische Ästhetik lässt sich nun in dazu analoger Weise als kinematographischer Ausdruck einer Poetik des Exzesses und der Verschwendung beschreiben. Die körperliche Verausgabung der Darsteller, eine fast unablässige Bewegung der Kamera und eine durch Mise-en-Scène und Montage bewirkte Maximierung sinnlicher Qualitäten des Filmbilds überschreiten nicht nur als filmischer Exzess jede Darstellungskonvention des klassisch-narrativen Kinos, sie transzendieren auch jede Möglichkeit rationaler Fassbarkeit.

Auf diegetischer Ebene operieren Żuwaskis Filme zwar durchaus mit semiotischen Strukturen wie Farbsymboliken und kulturgeschichtlichen Anspielungen, die vor allem auf religiöse Traditionen der Ekstase bzw. der Selbstüberschreitung wie den Schamanismus und die christliche Mystik verweisen. Doch geschieht dies nur, um letzten Endes deren Unzulänglichkeit als Erklärungsmuster zu entlarven und die Irreduzibilität einer transzendenten Erfahrung zu unterstreichen, deren Ausdruck die Filme sein wollen. Exzessive Grenzüberschreitungen der Figuren gehen Hand in Hand mit der überbordenden Visualisierung eines Außer-Sich-Seins. Die filmästhetischen Strategien sind dabei teilweise als Expressionen der subjektiven Zustände seiner Protagonisten interpretierbar, sie gehen aber immer auch über eine derartige Motivation hinaus und offenbaren in ihrer sinnlichen Exzessivität einen überindividuell erfahrbaren Überschwang, der konstitutiv für Żuławskis filmisches Universum ist. Insofern dieser Überschwang sich vor allem in einem Exzess der Bewegung sowohl der Figuren als auch des Betrachterstandpunkts in Form der Kamera manifestiert, kann das Deleuze'sche Triebbild als der dominante Bildmodus von Żuławskis Filmen betrachtet werden. Anders als im Aktionsbild setzt sich der Bewegungsimpuls im Triebbild nicht in einer zielgerichteten, lösungs-orientierten Aktion fort, sondern fällt ohne zeitlichen Aufschub mit der Aktion zusammen: die Bewegung wird in selbstzweckhaften, und damit nach Bataille *souveränen* Triebakten verausgabt, die ursprüngliche *Gewaltsamkeit* des Lebens bricht sich darin Bahn.

Dies sind die Momente der Selbstüberschreitung, sei sie nun schrecken-erregend, erhebend oder beides zugleich. Die Bewegung, die in Żuławskis Filmen alles zu erfassen scheint und in einen schwindelerregenden Sog versetzt, birgt eine entropische, zersetzende Kraft, die den filmischen Raum mit Falllinien durchzieht und seine Protagonisten fast immer in den Niedergang reißt. Diese Auflösung der Subjekte in einer rauschhaften Zerfallsbewegung kann gleichermaßen als filmisches Äquivalent des Opfers als auch eines orgiastischen Tanzes gelten.

In einer fortwährenden „Konvulsion des Filmbildes" wird dem Betrachterstandpunkt selbst ein dionysischer Taumel eingeschrieben, der sich zugleich in einer apollinischen Bilderwelt entlädt. Die grenzüberschreitenden Entäußerungen und Entblößungen der Protagonisten werden somit in einer „Dramatisierung der Existenz" zu Objektivationen eines exzesshaften Selbstverlusts, die dem Zuschauer implizit die Möglichkeit einer tiefgreifenden emotionalen Teilnahme geben, wie sie Nietzsche zufolge der antike Zuschauer angesichts einer Tragödie erlebte. Żuławskis Filme folgen somit einer als *dionysisch* auffassbaren Ästhetik, die sich im medial geeigneten „optischen Rahmen" des Kinos dem künstlerischen Ausdruck der inneren Erfahrung der Ekstase verschreibt. Sie konstituieren damit auch eine implizite filmische Poetik, deren oberstes Prinzip die Selbstüberschreitung ist, ein jede profane Zweckrationalität hinter sich lassender und damit nach Bataille *poetischer* und zugleich *heiliger Exzess*.

Ausblick

Ziel der vorliegenden Studie war es, Żuławskis filmische Handschrift auf ihre Wesensmerkmale hin zu untersuchen und für seine Filme eine implizite Poetik der Selbstüberschreitung nachzuweisen. Dabei lag der Fokus vor allem auf dem transzendentalen Charakter dieses Konzepts, das sich aus dem religiösen Phänomen der Ekstase ableitet und das ideengeschichtlich erst von Nietzsche und Bataille gedanklich in den Bereich des Ästhetischen übertragen wurde.

Da Andrzej Żuławskis Handschrift als Filmautor, wie in der vorliegenden Untersuchung dargestellt, auf eine ästhetische Vermittlung einer ihrem Wesen nach *transzendentalen Erfahrung* durch filmische Mittel ausgerichtet ist, wäre es interessant, sie dem von Paul Schrader postulierten „transzendentalen Stil im Film" gegenüberzustellen. Schrader kommt in seiner Untersuchung der Filmemacher Ozu, Bresson und Dreyer ja zu dem Schluss, dass das Wesen jedes transzendentalen Filmstils in einer schrittweisen Reduktion der filmischen Mittel bis hin zur „*Stasis*" als dem letzten Stadium dieses Stils liege[320]. Die von ihm als „abundant" bezeichnete, ausgiebige Nutzung filmischer Mittel hält er dagegen für eine ihrem Wesen nach profane Ästhetik, die er am Beispiel spektakelorientierter Bibel-Epen als einer religiösen Thematik grundsätzlich unangemessen kritisiert[321].

Demgegenüber könnte jedoch mit Blick auf die kulturelle Tradition der ekstatischen Ausschweifung - etwa im Schamanismus und in den dionysischen Orgien - sowie unter theoretischer Bezugnahme auf Batailles „allgemeine Ökonomie" die Existenz eines *zweiten „transzendentalen Stils"* postuliert werden, der dem von Schrader beschriebenen in seinem Umgang mit filmischen Mitteln diametral gegenüber steht. Dieser „zweite transzendentale Stil" basiert gerade nicht auf dem Prinzip der Reduktion, sondern auf dem der Verausgabung basiert und sein Ziel ist es nicht, den Zuschauer in eine kontemplative „*Stasis*" zu versetzen, sondern in eine rauschhafte „*Ek-Stasis*". Żuławskis Œuvre könnte dabei den Ausgangspunkt einer Untersuchung des *ekstatischen Stils* im Film

---

[320] Vgl. SCHRADER, S. 160f.
[321] Vgl. ebd., S. 162-166.

bieten, doch zahlreiche weitere Filmemacher und auch einzelne Filme scheinen mir Charakteristika der Ekstase aufzuweisen.

Ein naheliegender Kandidat scheint mit Alejandro Jodorowsky, dessen Filme, allen voran EL TOPO (MEX 1970) und THE HOLY MOUNTAIN (MEX / USA 1973) die spirituelle Suche des Menschen in exzessive, surreale Bilderwelten kleiden und vor Tabu-Überschreitungen ästhetischer und religiöser Art nur so strotzen. Ebenfalls als filmische Ekstatiker können und sollten meines Erachtens die Avantgarde-Filmemacher Kenneth Anger und Stan Brakhage angesehen werden. Sowohl in Angers stark vom Werk des Okkultisten Aleister Crowley inspirierten Filmen wie etwa INAUGURATION OF THE PLEASURE DOME (USA 1954), als auch beispielsweise in Brakhages Zyklus DOG STAR MAN (USA 1962-64) wird der Zuschauer mit psychedelischen Bildern und religiöser bzw. okkulter Symbolik geradezu bombardiert und in einen quasi rauschhaften Zustand versetzt. Ganz besonders reich an potentiellen Vertretern eines ekstatischen Filmstils scheint mit das italienische Kino der 60er bis 80er Jahre, eine Zeit in der in Italien neben international anerkannten Filmkünstlern auch das Genrekino florierte und die herrlichsten Blüten trieb. So beschwören etwa Fellinis FELLINI – SATYRICON (I/F 1969) oder Pasolinis MEDEA (I/F/BRD 1969) eine archaische, heidnische Religiösität der Ausschweifung in äußerst opulenten Bildern und einer teils traumartigen Erzählstruktur. Carmelo Bene treibt in seinen von religiösen Themen geprägten Filmen NOSTRA SIGNORA DIE TURCHI (I 1968) und SALOMÉ (I 1972) den Exzess sowohl auf diegetischer, als auch formaler Ebene auf die Spitze und seine Darsteller zu ähnlich ekstatischen Entäußerungen wie Andrzej Żuławski.

Ein filmästhetisch besonders enger Verwandter Żuławskis ist sicherlich Dario Argento, einer der Meisterregisseure des italienischen Horrorfilms, dessen kühle Farbästhetik in TENEBRE (I 1982) seiner eigenen Aussage nach stark von POSSESSION beeinflusst wurde, während Żuławski umgekehrt seine Wertschätzung für zumindest die erste Werkhälfte Argentos bekundet hat[322]. Argentos

---

[322] Vgl. MAITLAND MCDONAGH: *Broken Mirrors / Broken Minds. The Dark Dreams of Dario Argento.* London 1991, S. 171 und THROWER / BIRD: *Cinema Superactivity*, S. 70.

Filme inszenieren meist Ängste tiefen-psychologischer, aber auch metaphysischer Natur[323], mit denen seine Protagonisten – wie bei Żuławski meist Frauen – in teils exzessiv bunten Traumwelten konfrontiert werden[324], wobei sie nicht selten in einen ekstatischen Zustand der Todesangst geraten:

> Victims scream and cry out as if having ecstatic orgasms, while they are stabbed, strangled, cut, impaled and axed in glorious hyper-reality.[325]

Wie auch in Żuławskis Inszenierungen des *Unbekannten* ist der Horror bei Argento letztlich transzendentaler Natur, es handelt sich um einen dionysischen Blick in den Abgrund des Seins, den „horror of existence"[326].
Die obsessive Inszenierung eines ekstatischen Selbstverlusts, eines Punktes, an dem höchster Schrecken und höchste Lust ununterscheidbar werden, sowie ein damit einhergehender rauschhafter Exzess ästhetischer Mittel sind die Gemeinsamkeiten dieser Regisseure in ihren idiosynkratischen Ausformungen eines *transzendentalen Stils der Verausgabung*. „Mein Prinzip gegen die Askese" hatte Bataille einst geschrieben, „ist, daß das Extrem [der Erfahrung] im Exzess zugänglich ist, nicht im Manko"[327], ein Credo, das auch von Żuławski stammen könnte.

---

[323] Es ist bezeichnend, dass Argento seinen wohl berühmtesten Film SUSPIRIA (I 1977) zu Ehren Martin Heideggers in Freiburg spielen ließ. Vgl. GEORG SEEẞLEN UND FERNAND JUNG (Hg.): *Horror. Geschichte und Mythologie des Horrorfilms*. Marburg 2006, S. 378.

[324] Argentos Kameramann bei SUSPIRIA, Luciano Tovoli sagt in einem Interview über den technischen Aufwand bei der exzessiven Farbgestaltung dieses Films: „The aesthetic concept on *Suspiria* was never to substract, but to add". STANLEY MANDERS: Terror in Technicolor. In: *American Cinematographer. The International Journal of Motion Imaging* (Februar 2010). S. 68-76, S. 72. Maitland McDonagh konstatiert für Argentos Filme einen die Narration überschreitenden visuellen Exzess, den sie auf das Konzept der „dritten Bedeutung" bei Roland Barthes bezieht, das auch eine der Grundlagen von Thompsons „filmischem Exzess" war und eng mit diesem verwandt ist. MCDONAGH: *Broken Mirrors / Broken Minds*, S. 22-25.

[325] CHRIS BARBER: *Discovering the Esoteric Argento*. In: STEPHEN THROWER (Hg.): *Eyeball Compendium. Writings on sex and horror in the cinema from the pages of Eyeball Magazine, 1989-2003*. Godalming, Surrey. S. 85-88, S. 87.

[326] Ebd., S. 85.

[327] BATAILLE: *Die innere Erfahrung*, S. 38.

Filmografie Andrzej Żuławski

PAVONCELLO: Polen 1967. TV-Kurzfilm. 27 Minuten.

PIESN TRIUMFUJACEJ MILOSCI: Polen 1969. TV-Kurzfilm. 27 Minuten.

TRCECIA CZECZ NOCY: Polen 1971. 102 Minuten.

DIABEL: Polen 1972. 119 Minuten.

L'IMPORTANT C'EST D'AIMER: Frankreich / Italien / BRD 1975. 108 Minuten.

NA SREBRNYM GLOBIE: Polen 1977/1987. 157 Minuten.

POSSESSION: Frankreich / BRD 1981. 119 Minuten.

LA FEMME PUBLIQUE: Frankreich 1984. 113 Minuten.

L'AMOUR BRAQUE: Frankreich 1985. 101 Minuten.

MES NUITS SONT PLUS BELLES QUE VOS JOURS: Frankreich 1989. 106 Minuten.

BORIS GODOUNOV: Frankreich / Spanien / Jugoslawien 1989. 118 Minuten.

LA NOTE BLEUE: Frankreich 1991. 135 Minuten.

SZAMANKA: Polen / Frankreich / Schweiz 1995. 110 Minuten.

LA FIDELITÉ: Frankreich 2000. 166 Minuten.

COSMOS: Frankreich / Portugal 2015. 103 Minuten.

Weitere erwähnte Filme

INAUGURATION OF THE PLEASURE DOME: USA 1954. Regie: Kenneth Anger. 38 Minuten.

DOG STAR MAN: USA 1962-64. Regie: Stan Brakhage. 78 Minuten.

SÅSOM I EN SPEGEL: Schweden 1961. Regie: Ingmar Bergman. 89 Minuten.

GIULIETTA DEGLI SPIRITI: Italien / Frankreich 1965. Regie: Federico Fellini. 137 Minuten.

NOSTRA SIGNORA DEI TURCHI: Italien 1968. Regie: Carmelo Bene. 160 Minuten.

FELLINI – SATYRICON: Italien / Frankreich 1969. Regie: Federico Fellini. 128 Minuten.

MEDEA: Italien / Frankreich / Westdeutschland 1969. Regie: Pier Paolo Pasolini. 118 Minuten.

EL TOPO: Mexico 1970. Regie: Alejandro Jodorowsky. 125 Minuten.

ZABRISKIE POINT: USA 1970. Regie: Michelangelo Antonioni. 110 Minuten.

ULTIMO TANGO A PARIGI: Italien / Frankreich 1972. Regie: Bernardo Bertolucci. 136 Minuten.

SALOMÉ: Italien 1972. Regie: Carmelo Bene. 80 Minuten.

THE HOLY MOUNTAIN: Mexico / USA 1973. Regie: Alejandro Jodorowsky. 114 Minuten.

SUSPIRIA: Italien 1977. Regie: Dario Argento. 89 Minuten.

Tenebre: Italien 1982. Regie: Dario Argento. 101 Minuten.

Zulawski par Zulawski: Polen / Frankreich 2000, TV-Doku. Regie: Jakub Skoczen. 50 Minuten.

The Other Side of the Wall: The Making of **POSSESSION**: Deutschland 2009. Regie: Daniel Bird. 51 Minuten.

Literaturverzeichnis

Artaud, Antonin: *Das Theater und sein Double*. Frankfurt a. M. 1987.

Atkinson, Michael: *Blunt Force Trauma: Andrzej Zulawski*. In: **Ders.** (Hg.): *Exile Cinema. Filmmakers at Work beyond Hollywood*. Albany, New York 2008. S. 79-85.

Barber, Chris: *Discovering the Esoteric Argento*. In: **Thrower, Stephen** (Hg.): *Eyeball Compendium. Writings on sex and horror in the cinema from the pages of Eyeball Magazine, 1989-2003*. Godalming, Surrey. S. 85-88.

Bataille, Georges: *Le bas matérialisme et la gnose*. In: **Ders.**: *Œuvres complètes I. Premiers Écrits 1922-1940*. Paris 1970. S. 220-226.

Bataille, Georges: *Der Begriff der Verausgabung*. In: **Ders.**: *Die Aufhebung der Ökonomie*. Hg. von Gerd Bergfleth und Axel Matthes. München 1975. S. 7-31.

Bataille, Georges: *Der verfemte Teil*. In: **Ders.**: *Die Aufhebung der Ökonomie*. Hg. von Gerd Bergfleth und Axel Matthes. München 1975. S. 33-234.

Bataille, Georges: *Das obszöne Werk*. Reinbek bei Hamburg 1977.

Bataille, Georges: *Die Tränen des Eros*. München 1981.

Bataille, Georges: *Die Erotik*. München 1994.

Bataille, Georges: *Die innere Erfahrung. Nebst Methode der Meditation und Poststkriptum 1953. Atheologische Summe I.* München 1999.

Beugnet, Martine: *Cinema and Sensation. French Film Art and Transgression*. Edinburgh 2007.

Bird, Daniel: *Between the Scenes: La femme publique*. In: Booklet zur DVD: **Żuławski, Andrzej**: *La femme publique*. (F 1984) Mondo Vision 2008. S. 10-17.

Bird, Daniel: *Gott in Gestalt einer verrücktgewordenen, öffentlichen Hure: Lose Fäden zu Andrzej Zulawskis POSSESSION (1981)*. In: Booklet zur DVD: **Żuławski, Andrzej**: POSSESSION. (F/BRD 1981) Bildstörung 2009.

Bird, Daniel: *Zulawski and Polish Cinema*. In: **Thrower, Stephen**: *Eyeball Compendium. Writings on sex and horror in the cinema from the pages of Eyeball Magazine, 1989-2003*. Godalming, Surrey. S. 147-150.

Bird, Daniel: *Zulawski's POSSESSION*. In: **Thrower, Stephen** (Hg.): *Eyeball Compendium. Writings on sex and horror in the cinema from the pages of Eyeball Magazine, 1989-2003*. Godalming, Surrey. S. 367-374.

Bonitzer, Pascal: *Entretien avec Zulawski*. In: *Cahiers du cinéma* 326. (1981). S. 40-49.

Bonitzer, Pascal: *Inferno*. In: *Cahiers du cinéma* 326. (1981). S. 50-51.

Chion, Michel: *Le maître et son chien fou*. In: *Cahiers du cinéma* 369. (1985). S. 52-54.

Deleuze, Gilles: *Das Bewegungs-Bild. Kino 1.* Frankfurt a. M. 1989.

Deleuze, Gilles: *Das Zeit-Bild. Kino 2.* Frankfurt a. M. 1991.

Eliade, Mircea: *Schamanismus und archaische Ekstasetechnik*. Zürich, Stuttgart 1954.

Glaubitz, Nicola: *Medienexperimente nach den Avantgarden*. In: **Lommel, Michael, Isabel Maurer Queipo und Volker Roloff** (Hg.): *Surrealismus und Film. Von Fellini bis Lynch*. Bielefeld 2008. S. 19-35.

Gorecka, Marzena: *Mystik als grenzüberschreitendes Phänomen – exemplarisch dargestellt an der Deutschen Mystik des Mittelalters.* In: **Knefelkamp, Ulrich und Kristian Bosselmann-Cyran** (Hg.): *Grenze und Grenzüberschreitung im Mittelalter.* Berlin 2007. S. 428-438.

Grotowski, Jerzy: *Für ein armes Theater.* Berlin 1999.

Heinrichs, Hans-Jürgen: *Der Wunsch nach einer souveränen Existenz. Georges Bataille: Philosoph. Dichter. Kunsttheoretiker. Anthropologe.* Graz 1999.

Holland, Dorothy: *Bodies at Play: A General Economy of Performance.* In: **Winnubst, Shannon** (Hg.): *Reading Bataille Now.* Bloomington, Indianopolis 2007. S. 197-219.

Jousse, Thierry: *Passion fixe.* In: *Cahiers du cinéma* 545. (2000). S. 70-71.

Jovanovski, Thomas: *Aesthetic Transformations. Taking Nietzsche at His Word.* New York 2008.

Kain, Philip J.: *Nietzsche and the Horror of Existence.* Lanham 2009.

Katsahnias, Iannis: *Le globe d'argent.* In: *Cahiers du cinéma* 409. (1988). S. 11.

Land, Nick: *The Thirst for Annihilation. Georges Bataille and Virulent Nihilism: An Essay in Atheistic Religion.* London, New York 1992.

Langer, Otto: *Christliche Mystik im Mittelalter. Mystik und Rationalisierung – Stationen eines Konflikts.* Darmstadt 2004.

Manders, Stanley: *Terror in Technicolor.* In: *American Cinematographer. The International Journal of Motion Imaging* (Februar 2010). S. 68-76.

McDonagh, Maitland: *Broken Mirrors / Broken Minds. The Dark Dreams of Dario Argento.* London 1991.

Nietzsche, Friedrich: *Die Geburt der Tragödie. Oder: Griechenthum und Pessimismus.* In: **Ders.**: *Werke III,1.* Hg. Von Colli, Giorgo und Mazzino Montinari. Berlin, New York 1972.

Oesterreicher-Mollwo, Marianne (Hg.): *Herder-Lexikon Symbole.* 9. Auflage. Freiburg im Breisgau 1978.

Philippon, Alain: *Monsieur Plus.* In: *Cahiers du cinéma* 360. (1984). S. 107-108.

Poeschel, Sabine: *Handbuch der Ikonographie. Sakrale und profane Themen der bildenden Kunst.* 3. Auflage. Darmstadt 2009.

Powell, Anna: *Deleuze and Horror Film.* Edinburgh 2006.

Seeßlen, Georg und Fernand Jung (Hg.): *Horror. Geschichte und Mythologie des Horrorfilms.* Marburg 2006.

Schrader, Paul: *Transcendental Style in Film: Ozu, Bresson, Dreyer.* Berkeley, L. A., London 1972.

Schweer, Thomas: *Keine Angst zu sterben. Die Filme des Andrzej Zulawski.* Teil 1. In: *Splatting Image* 4 (August 1990). S. 11-14.

Schweer, Thomas: *Keine Angst zu sterben. Die Filme des Andrzej Zulawski.* Teil 2. In: *Splatting Image* 5 (Dezember 1990). S. 29-32.

Stiglegger, Marcus: *Atemlos. Die Welt des Andrzej Zulawski.* Teil 1. In: *Splatting Image* 51 (September 2002). S. 23-26.

Stiglegger, Marcus: *Atemlos. Die Welt des Andrzej Zulawski.* Teil 2. In: *Splatting Image* 52 (Dezember 2002). S. 13-17.

Stiglegger, Marcus: *Grenzkontakte. Hysterie im Kino des Andrzej Zulawski.* In: **Kiefer, Bernd und ders.** (Hg.): *Grenzsituationen spielen. Schauspielkunst im Film.* 5. Symposium. Remscheid 2006. S. 165-174.

Stiglegger, Marcus: *Ritual & Verführung. Schaulust, Spektakel und Sinnlichkeit im Film.* Berlin 2006.

Stiglegger, Marcus: *Humantransformationen. Das innere Biest bricht durch.* In: **Biedermann, Claudio und Christian Stiegler** (Hg.): *Horror und Ästhetik. Eine interdisziplinäre Spurensuche.* Konstanz 2008.

Stolz, Alfred: *Schamanen. Ekstase und Jenseitssymbolik.* Köln 1988.

Stölting, Ulrike: *Christliche Frauenmystik im Mittelalter. Historisch-theologische Analyse.* Mainz 2005.

Strauss, Frédéric: *Des mots pour voir.* In: *Cahiers du cinéma* 419. (1989). S. 77-78.

Strauss, Frédéric: *La note bleue.* In: *Cahiers du cinéma* 445. (1991). S. 89.

Thompson, Kristin: *The Concept of Cinematic Excess.* In: **Rosen, Philip** (Hg.): *Narrative, Apparatus, Ideology. A Film Theory Reader.* New York, Guildford 1986.

Thrower, Stephen: *La femme publique.* In: **Ders.** (Hg.): *Eyeball Compendium. Writings on sex and horror in the cinema from the pages of Eyeball Magazine, 1989-2003.* Godalming, Surrey. S. 233-236.

Thrower, Stephen: *Zulawski's POSSESSION. The Sleep of Reason produces Monsters.* In: **Ders.** (Hg.): *Eyeball Compendium. Writings on sex and horror in the cinema from the pages of Eyeball Magazine, 1989-2003.* Godalming, Surrey. S. 374-381.

Thrower, Stephen und Daniel Bird: *Cinema Superactivity. Andrzej Zulawski interviewed by Stephen Thrower & Daniel Bird.* In: **Thrower, Stephen**: *Eyeball Compendium. Writings on sex and horror in the cinema from the pages of Eyeball Magazine, 1989-2003.* Godalming, Surrey. S. 61-71.

Truffaut, François: *Mr. Hitchcock, wie haben Sie das gemacht?.* München 1973.

Vogel, Amos: *Film als subversive Kunst. Kino wider die Tabus - von Eisenstein bis Kubrick.* Reinbeck bei Hamburg 2000.

Wiechens, Peter: *Bataille zur Einführung.* Hamburg 1995.

Wlucka, Katrin: *Die Signatur des Hysterischen im Filmwerk von Andrzej Zulawski.* Dipl. Weimar 2001.

Wojtera, Nicoletta: *Friedrich Nietzsche und der Surrealismus. Lyrisches Verfahren und ästhetisches Verhalten im „Bild".* München 2008.

Zurhorst, Meinolf: *Isabelle Adjani. Ihre Filme – Ihr Leben.* München 1992.

FILM- UND MEDIENWISSENSCHAFT

Herausgegeben von Irmbert Schenk und Hans Jürgen Wulff

ISSN 1866-3397

1 *Oliver Schmidt*
  Leben in gestörten Welten
  Der filmische Raum in David Lynchs *Eraserhead, Blue Velvet, Lost Highway* und *Inland Empire*
  ISBN 978-3-89821-806-1

2 *Indra Runge*
  Zeit im Rückwärtsschritt
  Über das Stilmittel der chronologischen Inversion in *Memento, Irréversible* und *5 x 2*
  ISBN 978-3-89821-840-5

3 *Alina Singer*
  Wer bin ich? Personale Identität im Film
  Eine philosophische Betrachtung von *Face/Off, Memento* und *Fight Club*
  ISBN 978-3-89821-866-5

4 *Florian Scheibe*
  Die Filme von Jean Vigo
  Sphären des Spiels und des Spielerischen
  ISBN 978-3-89821-916-7

5 *Anna Praßler*
  Narration im neueren Hollywoodfilm
  Die Entwürfe des Körperlichen, Räumlichen und Zeitlichen in *Magnolia, 21 Grams* und *Solaris*
  ISBN 978-3-89821-943-3

6 *Evelyn Echle*
  Danse Macabre im Kino
  Die Figur des personifizierten Todes als filmische Allegorie
  ISBN 978-3-89821-939-6

7 *Miriam Grossmann*
  Soziale Figurationen und Selbstentwürfe
  Schauspieler und Figureninszenierung in Eric Rohmers *Pauline am Strand, Vollmondnächte* und *Das grüne Leuchten*
  ISBN 978-3-89821-944-0

8 *Peter Klimczak*
  40 Jahre ‚Planet der Affen'
  Zeitgeist- und Reihenkompatibilität – über Erfolg und Misserfolg von Adaptionen
  ISBN 978-3-89821-977-8

9 *Ingo Lehmann*
  Ziellose Bewegungen und mediale Selbstauflösung
  Das absurde «Genrefilm-Theater» Monte Hellmans
  ISBN 978-3-89821-917-4

10 *Gerd Naumann*
    Der Filmkomponist Peter Thomas
    Von Edgar Wallace und Jerry Cotton zur Raumpatrouille Orion
    ISBN 978-3-8382-0003-3

11 *Anja-Magali Bitter*
    Die Inszenierung des Realen
    Entwicklung und Perzeption des neueren französischen Dokumentarfilms
    ISBN 978-3-8382-0066-8

12 *Martin Hennig*
    Warum die Welt Superman nicht braucht
    Die Konzeption des Superhelden und ihre Funktion für den Gesellschaftsentwurf in US-amerikanischen Filmproduktionen
    ISBN 978-3-8382-0046-0

13 *Esther Lulaj*
    Nimm (nicht) ab!
    Zur Funktion des Telefons im Spielfilm – Von Metropolis bis Matrix
    ISBN 978-3-8382-0125-2

14 *Boris Rozanski*
    Das ungleiche Liebespaar in der 'Screwball Comedy'
    Paarbildung und Selbstfindung von Frank Capras *It Happened One Night* bis zu Jonathan Demmes *Something Wild*
    ISBN 978-3-8382-0145-0

15 *Carolin Lano*
    Die Inszenierung des Verdachts
    Überlegungen zu den Funktionen von TV-mockumentaries
    ISBN 978-3-8382-0214-3

16 *Christine Piepiorka*
    LOST in Narration
    Narrativ komplexe Serienformate in einem transmedialen Umfeld
    ISBN 978-3-8382-0181-8

17 *Daniela Olek*
    LOST und die Zukunft des Fernsehens
    Die Veränderung des seriellen Erzählens im Zeitalter von *Media Convergence*
    ISBN 978-3-8382-0174-0

18 *Eleonóra Szemerey*
    Die Botschaft der grauen Wand
    Über die Vermittlung von Hoffnung und Hoffnungslosigkeit in Aki Kaurismäkis Verlierer-Filmen
    ISBN 978-3-8382-0222-8

19 *Florian Plumeyer*
    Sadismus und Ästhetisierung
    Folter als kultureller und filmischer Exzess im Gegenwartskino
    ISBN 978-3-8382-0188-7

20 *Jonas Wegerer*
    Der nahe Fremde: Der amerikanische Western in den Kinos der Bundesrepublik Deutschland (1948-1960)
    Eine rezeptionshistorische Analyse
    ISBN 978-3-8382-0307-2

21 *Peter Podrez*
   Der Sinn im Untergang
   Filmische Apokalypsen als Krisentexte im atomaren und ökologischen Diskurs
   ISBN 978-3-8382-0254-9

22 *Yvonne Augustin*
   Episodisches Erzählen im Film
   Alejandro González Iñárritus Filmtrilogie AMORES PERROS, 21 GRAMS und BABEL
   ISBN 978-3-8382-0335-5

23 *Julia Steimle*
   Fiktive Realität – reale Fiktion
   Realitätsebenen und ihre Integration im Hollywood-Backstage-Musical, untersucht anhand von THE BROADWAY MELODY, GOLD DIGGERS OF 1933, THE BAND WAGON, ALL THAT JAZZ und MOULIN ROUGE!
   ISBN 978-3-8382-0319-5

24 *Jana Heberlein*
   Die *Neue Berliner Schule*
   Zwischen Verflachung und Tiefe: Ein ästhetisches Spannungsfeld in den Filmen von Angela Schanelec
   ISBN 978-3-8382-0407-9

25 *Karoline Stiefel*
   Geistesblitze und Genialität – Bilder aus dem Gehirn des Detektivs
   Die Visualisierung von Imagination in den TV-Serien SHERLOCK und HOUSE, M.D.
   ISBN 978-3-8382-0522-9

26 *Stephanie Boniberger*
   Musical in Serie
   Von Buffy bis Grey's Anatomy: Über das reflexive Potential der special episodes amerikanischer TV-Serien
   ISBN 978-3-8382-0492-5

27 *Phillip Dreher*
   Morin und der Film als Spiegel
   Eine theoriegeschichtliche Verortung der Filmtheorie von Edgar Morin
   ISBN 978-3-8382-0486-4

28 *Marlies Klamt*
   Das Spiel mit den Möglichkeiten
   Variantenfilme – Zwischen Multiperspektivität und Chaostheorie
   ISBN 978-3-8382-0811-4

29 *Ralf A. Linder*
   Zwischen Propaganda und Anti-Kriegsbotschaft:
   Die Darstellung des Krieges im US-amerikanischen Spielfilm als Indikator gesellschaftlichen Wandels
   ISBN 978-3-8382-0750-6

30 *Jana Zündel*
   An den Drehschrauben filmischer Spannung
   Zeit und Raum bei Alfred Hitchcock.
   Verzögerungen und Deadlines, klaustrophobische und expansive Räume
   ISBN 978-3-8382-0940-1

31   *Seraina Winzeler*
     Filme zwischen Spur und Ereignis
     Erinnerung, Geschichte und ihre Sichtbarmachung im Found-Footage-Film
     ISBN 978-3-8382-0414-7

32   *Tobias Dietrich*
     Filme für den Eimer
     Das Experimentalkino von Klaus Telscher
     ISBN 978-3-8382-1094-0

33   *Silvana Mariani*
     O Canto do Mar: Die Ästhetisierung von Realität?
     Reflexionen über den Realismus bei Alberto Cavalcanti
     ISBN 978-3-8382-1100-8

34   *Marius Kuhn*
     Im weiten Feld der Zeit: Die filmischen Transformationen des Romans *Effi Briest*
     ISBN 978-3-8382-1141-1

35   *Noemi Daugaard*
     Grauenvolle Atmosphären: Tondesign und Farbgestaltung als affektive und subjektivierende Stilmittel in THE SILENCE OF THE LAMBS
     ISBN 978-3-8382-1190-9

36   *Selina Hangartner*
     Wild at Heart and Weird on Top: Spielformen der Ironie im Film
     ISBN 978-3-8382-1214-2

37   *Alexander Schmidt*
     Kino der Ekstase
     Formen der Selbstüberschreitung in den Filmen Andrzej Żuławskis
     ISBN 978-3-8382-0313-3

ibidem.eu

www.ingramcontent.com/pod-product-compliance
Lightning Source LLC
Chambersburg PA
CBHW070238230526
45470CB00002B/453